Auch Teil 2:

Für meine Frau,
die sich jeden Abend
die täglichen "Anekdoten" anhören darf.

Sowohl die Schönen wie auch die Unschönen.

Sie ist mir über die vielen Jahre
immer wieder aufs Neue
ein guter Ratgeber.

Auch Berater brauchen Berater!

Hubertus von Abinsdorff

Mein Leben als Unternehmensberater

Teil 2

Vom Mittelstand in den Konzern

*Bibliografische Information der
Deutschen Nationalbibliothek:
Die Deutsche Nationalbibliothek verzeichnet diese Publika-
tion in der Deutschen Nationalbibliografie; detaillierte bibliografische Daten sind im Internet über http://dnb.dnb.de
abrufbar.*

*Herstellung und Verlag:
BoD – Books on Demand, Norderstedt*

ISBN: 9783751977159

Inhalt

Dieses Buch ist eine Fiktion.

Jede Ähnlichkeit mit existierenden Personen,
Orten, Unternehmen oder Daten wäre rein zufällig.

Sollten Sie meinen, sich zu erkennen –
es kann nicht sein.

Zumindest stimmt das Datum nicht.

Vorwort

Wir alle haben Träume.

Irgendwann beginnen sie,
und bei denen, die ihr Leben leben, hören sie nie auf.

Vielleicht verschieben sie sich,
oder sie wechseln im Laufe der Zeit ihre Intensität.
Aber sie enden nicht.

Mein Traumstudium zum Wirtschaftsingenieur durfte ich absolvieren. Um danach in meinen Traumberuf als Unternehmensberater bei meinem Traumarbeitgeber ins Arbeitsleben zu starten.

Doch wie verlaufen Träume im realen Leben? Im Prinzip gibt es - wenn man sich am Morgen danach noch erinnern kann - nur zwei Varianten

- Entweder man träumt schlecht und schreckt schweißgebadet auf. Ein Alptraum. Dann ist man froh, wieder in der Realität angekommen zu sein. Dem Traum entflohen.
- Oder man träumt etwas Schönes, Wunderbares. Wacht dann auf - und PUFF! - ist die Blase zerplatzt. Wie gerne wären wir noch im Traum geblieben. Am liebsten für immer.

Die beiden Sichten zeigen, wie sehr wir unsere Träume gleichzeitig lieben und hassen. Je länger ich darüber nachdenke, desto mehr komme ich zu dem Schluss, in der Wortwahl der Einleitung „Traum" durch „Wunsch" zu ersetzen.

Mein *Wunsch*studium durfte ich absolvieren. Um danach in meinen *Wunsch*beruf bei meiner *Wunsch*firma ins Arbeitsleben zu starten.

8

Das liest sich besser. Denn nach neun Jahren in der Berufswelt habe ich nach wie vor immer noch viele Wünsche. Aber einige meiner ursprünglichen „Träume" sind inzwischen den Realitäten gewichen.

Kurz vor meinen Abiturprüfungen hatte jemand ein Graffiti auf das Pflaster vor unserem Schuleingang gesprüht:

***Keep your feet
on the ground.***

***But keep reaching
to the stars!***

Genau DAS ist es wahrscheinlich: Die Realität zu akzeptieren. Zu lernen, mit ihr umzugehen. Bodenständig sein. Gleichzeitig aber nach oben, nach vorne zu schauen. Wünsche und Träume anzugehen. Und dennoch - insbesondere im Erfolgsfall - nicht abzuheben.

Das erste Buch[1] handelte von meiner Studienwahl, der Berufsfindung und den ersten neun Arbeitsjahren in einer mittelständischen Strategie- und Organisationsberatung.

Das vorliegende Buch beginnt mit meinen ersten Arbeitstagen im Konzern. Ich habe den Arbeitgeber gewechselt, werde nun hier an neuer Stelle den eigenen Weg finden müssen, und den Aufbau meines Netzwerkes von vorne beginnen. Auch hier handeln die Kapitel erneut von Menschen, Situationen und Stationen, die mich auf meinem Weg in besonderer Form geprägt haben, mein Menschen-, Unternehmens- und Gesellschaftsbild beeinflussten und erweiterten.

---

[1] Mein Leben als Unternehmensberater / Wie alles begann / ISBN-13: 9783749431106

Ich habe bis heute immer wieder das Glück, auf Führungskräfte, Kollegen und Kunden zu treffen, bei denen - trotz aller Notwendigkeiten des betriebswirtschaftlichen Rationalismus – der Mensch, der Mitarbeiter im Vordergrund steht. Natürlich werden wir alle daran gemessen, dass unsere neuen Lösungen letztendlich effizienter als die Vorhergehenden funktionieren. Aber nicht das Zahlen- und Methodenwerk macht uns alleinig erfolgreich. Eine langfristige Perspektive erzeugen wir nur mit der gemeinsamen Umsetzung der Veränderungen. Gemeinsam mit den beteiligten, betroffenen Mitarbeitern unserer Kunden.

Allerdings muss ich auch zur Kenntnis nehmen, dass die Berufswelt den Menschen immer stärker aus dem Mittelpunkt herausdrängt. Zumindest ist das meine aktuelle Wahrnehmung. Diese Entwicklung müssen wir kritisch beobachten, und uns mit allen Mitteln dagegen zur Wehr setzen. Wir dürfen uns nicht zu „Endgeräten" in der digitalen Welt deklarieren lassen. Wir sind Individuen, die mit allen Stärken (und natürlich auch Schwächen) die Gesellschaft bilden und gestalten. Keine Bots[2].

Unternehmensberater ist immer noch mein Wunschberuf. Nach wie vor glaube ich daran, die Welt Tag für Tag ein kleines bisschen besser machen zu können. Nicht mit unübersichtlichen Excel-Tabellen und langweilenden Powerpoint-Präsentationen. Sondern mit den handelnden Menschen in den Projekten und Unternehmen.

Vielleicht laufen wir uns dabei
irgendwann einmal über den Weg.

Ich würde mich freuen!

---

[2] Bot: Computerprogramm zur automatischen Abarbeitung sich wiederholender Aufgaben

Erwartungen

oder

Welche Wünsche und Hoffnungen habe ich?

Die Zukunft

Wechselt man seine berufliche Position, oder im gleichen Schritt auch direkt den Arbeitgeber, verbindet man damit Erwartungen. Erwartungen an Dinge, die sich in der bisherigen Rolle nicht erfüllt haben. Ansonsten würde man ja nicht wechseln. Oder?

Was verspreche ich mir konkret von meinem bevorstehenden Wechsel? Warum habe ich in den letzten Monaten nahezu ein Dutzend Vorstellungsgespräche geführt? Welche meiner Erwartungshaltungen wurden bisher nicht, oder nicht ausreichend genug erfüllt? Wohin möchte ich mich entwickeln, und habe diese gesuchten (Frei-)Räume bei meinem alten Arbeitgeber nicht gefunden?

Komischerweise hoffe ich in erster Linie auf ein nun wieder unbeschwerteres Arbeiten. Die vergangenen eineinhalb Jahre waren aufgrund eines deutlichen Dissenses mit einer Führungskraft in meiner alten Umgebung sehr belastend. Ich möchte wieder „sorgenfrei" an meinen Arbeitsplatz kommen können. Ohne die Befürchtung, dass eventuell erneut eine - im Grunde überflüssige - Konfrontation erfolgt.

Des Weiteren freue ich mich auf interessante und herausfordernde Projekte. Mein neuer Arbeitgeber ist international aufgestellt. Gibt es aus dieser Konstellation heraus vielleicht Chancen zum Arbeiten in noch unbekannten Ländern und Kulturkreisen? Das würde mir sehr zusagen.

Schwer fällt mir der Abschied von meinen engen Kollegen. Mein direktes Umfeld war sehr positiv. Nette, sympathische, hilfsbereite Menschen. Ein tolles Team! Ich erwarte – nein, erwarten kann man das nicht - ich *hoffe*, dass sich wieder ein netter Kollegenkreis findet. Erste positive Erfahrungen in diesem Punkt konnte ich bereits während der letzten Monate sammeln, da mein alter und neuer Arbeitgeber in zweien meiner Projekte eng zusammengearbeitet haben.

Eines meiner ursprünglichen Ziele, Gesellschafter oder Partner in der Beratung zu werden, konnte ich in der bisherigen Firma nicht erreichen. Erwarte ich eine nun bessere, schnellere Karriere? Eindeutig Nein! In den letzten Jahren habe ich die Erkenntnis gewonnen, dass der Weg durch die Hierarchien nach oben nicht unbedingt der Meine ist. Fachlich möchte ich mich gerne noch sehr viel weiter entwickeln. Hierarchisch? Muss nicht sein.

Last but not least: *Meinen* Automobilzulieferer, für den ich seit neun Jahren arbeite, werde ich weiterhin betreuen. Es ist gut, wenn eine Veränderung auch Konstanten beinhaltet!

Der neue Arbeitgeber

oder

Willkommen im Konzern

Er sah den Konzern.
Und er sah, dass genug Formulare zu Stapeln geformt.
Und er sah, dass ausreichend Stempel zu Tische lagen.
Und er sah, dass der Tacker frisch gefüllet mit Klammern.

Und er frohlockte.
Denn es gab ja zum Glück noch den Mittelstand.

(unbekannter Autor)

03. April 2000

Mein erster Arbeitstag im Konzern. Hier klingelt nicht um sechs Uhr morgens das Telefon, hier scheucht mich niemand zu einem Autobahnparkplatz in Ostwestfalen[3]. Ganz im Gegenteil. Heute starte ich erst einmal *gaaaaanz* in Ruhe mit der organisatorischen Basisausstattung. Die ist im Konzern *seeeeehr* umfangreich. Das werde ich heute schlagartig lernen.

Gegen neun Uhr habe ich mich mit unserer Teamassistentin im Büro verabredet. Wir starten mit etwas Smalltalk bei einer Tasse Kaffee. Dann warten Firmenausweis, Laptop, Handy, und gefühlte fünfzig Formulare zur Unterschrift auf mich. Es ist sehr ungewohnt. Dieser Berg an Administration. Aber auch so lässt sich ein erster Arbeitstag gestalten. Die Hektik wird früh genug anklopfen.

04. April 2000

Wir veranstalten einen eigenen Informationstag. Eine Hausmesse für unsere Kunden und Interessenten. Dazu haben wir im Weltkulturerbe „Zeche Zollverein" in Essen eine ehemalige Maschinenhalle angemietet, dort ein gutes Dutzend Informations-Stände aufgebaut. Ich bin beeindruckt! Zum einen macht die gesamte Veranstaltung einen extrem professionellen Eindruck auf mich. Zum anderen bin ich sehr positiv überrascht vom hohen Zuspruch der Teilnehmer: Die Hütte ist voll!

Eine Vertriebskollegin stellt mir einen ihrer langjährigen Kunden vor. Er ist der IT[4]-Leiter eines Automobilzulieferers. Um ihn darf ich mich heute kümmern. Praktisch: In den vorherigen neun Berufsjahren habe ich sehr intensiv einen Zulieferer betreut (inzwischen nenne ich ihn „*MEINEN*

---

[3] Siehe 27. Mai 1991 in „Mein Leben als Unternehmensberater / Wie alles begann"

[4] IT: Informationstechnologie

16

Zulieferer "), kenne somit die Branche und ihre besonderen Anforderungen recht gut. Mein Gegenüber ist gebürtiger Ungar. Mein Zulieferer ist sehr aktiv in seinem Heimatland, seit vielen Jahren bin ich regelmäßig dort in den Werken vor Ort. Aus diesen beiden Parallelen finden wir ausreichenden Gesprächsstoff. Wir bummeln gemeinsam über die Messe, er lässt sich hier und da etwas an den Info-Ständen erläutern. Ich bin sozusagen sein Messeschatten. Höre natürlich auch gerne meinen neuen Kollegen bei ihren Ausführungen zu. Und merke dabei mehr und mehr: Ich verstehe fast nur Bahnhof!

Bahnhof - Woran liegt das?

Ich komme aus einem klassischen Strategie- und Organisationsberatungshaus. In unseren Projekten hatten wir natürlich regelmäßig Kontakt mit den vorhandenen IT-Plattformen unserer Kunden. Unser Fokus lag aber auf der Optimierung der Aufbau- und Ablauforganisation. Nicht auf der unterstützenden Software. Jetzt bin ich in einem Software-Beratungshaus gelandet, das seinen Schwerpunkt in der SAP-Beratung hat. Und SAP hat über die Jahre ein eigenes Vokabular entwickelt, das man fast wie eine Fremdsprache lernen muss. Dazu kommt, dass sich hinter nahezu jeder SAP-Vokabel durchaus auch eine mehr oder weniger komplizierte Funktion verbergen kann. Die sollte man natürlich auch kennen. Von alledem bin ich weit entfernt. Es gibt wieder einmal viel zu lernen!

---

06. April 2000

Mit einer Kollegin habe ich mich am Nachmittag im Büro verabredet. Sie wird mir zeigen, wie ich meine wöchentlichen Projektverwaltungsaufgaben *(allein das Wortmonster schreckt mich bereits ab)* durchzuführen habe. Sprich:

Wann und wo ich wie meine geleisteten Projektstunden erfasse, und wie ich meine Reisekosten abrechnen werde.

Die Kollegin gibt sich viel Mühe, erklärt alles sehr genau und verständlich. Mir wird mit jeder Minute transparenter, dass ich gerade von einem schnuckeligen flexiblen mittelständischen Unternehmen in einen schwerfälligen deutschen Konzern gewechselt habe. Schon nach dem ersten Formular habe ich die Faxen dicke. Statt wie früher einfach halbe oder ganze Beratungstage aufzuschreiben, muss ich hier Stundennachweise führen. *Stunden!* Im Zweifel sogar *halbe Stunden!!* Eventuell das Tagespensum auf unterschiedliche Kunden verteilen. Das kannte ich bisher überhaupt nicht. Was für ein arbeitsintensiver Detailkram.

Auch die Abwicklung der Reisekosten ist für mich komplizierter als früher. Früher war übrigens alles besser! Früher konnte ich Beratungstage *und* Reiseaufwendungen in *einem* übersichtlichen DIN A4 Formular händisch erfassen. Analog! Um den Rest kümmerten sich dann die Kolleginnen in unserer Buchhaltung. Nun ist plötzlich alles schlechter. Projektstunden muss ich in Software A, Reisen in Software B erfassen. Und danach ausdrucken. Und unterschreiben. Und kopieren. Und in die Hauspost geben. Ein Verwaltungshorror! Hatte ich schon erwähnt, dass jedes Tool ein eigenes Passwort erfordert? Welches man alle drei Monate wechseln muss? Ich bin noch keine Woche in meiner neuen Umgebung, und hege bereits den Gedanken, dass meine Zukunft hier nicht liegen kann ...

07. April 2000
Regelmäßig, meistens alle vier Wochen, findet freitags ein Meeting der Vertriebskollegen (vormittags) und der Beraterkollegen (nachmittags) im Büro statt. Heute ist meine erste Teilnahme. Und wie ich es aus meiner ehemaligen Firma kenne, möchte ich meinen Einstand feiern. Ich habe achtzig Berliner und einige Flaschen Sekt mitgebracht.

Stelle mich nach vorne, bedanke mich für die Chance, im neuen Team mitwirken zu dürfen. Verweise auf Essen und Trinken. Ich blicke in ziemlich überraschte Gesichter. Man nimmt sich zwar einen Berliner, aber beim Anstoßen mit einem Glas Sekt tun sich viele Kollegen schwer. Das liegt aber – wie ich später bei verschiedenen anderen Gelegenheiten lerne – nicht am mangelnden Interesse an Alkohol. Nur ist hier offenbar das Feiern des Einstandes eher unüblich. Hätte mir auch mal jemand sagen können. Aber habe ich vorher gefragt? Nein. Selbst schuld.

Abteilungskultur

Um etwas Positives aus den ersten Tagen zu berichten: Auch in diesem Unternehmen gibt es regelmäßige Treffen des (nahezu) gesamten Kollegenkreises. Selbst wenn keine offiziellen Abteilungsmeetings stattfinden, trifft man sich freitags im Büro. Erledigt seine Verwaltungsaufgaben. Tauscht sich über die laufenden Projekte aus. Und auch über Privates. Zu diesem Zeitpunkt sind wir eine Gruppe, ein Team, eine Mannschaft. Natürlich nicht in allen Punkten harmonisch, aber es gibt einen guten Zusammenhalt. Ein paar Jahre werde ich das noch erleben dürfen. Dann wird sich dieses gute Miteinander in zwei wesentlichen Stufen auseinander entwickeln.

Stufe1 (ungefähr 2008): Die interne Organisation erfährt eine umfangreiche Restrukturierung. Aus Regionalität wird Überregionalität. Meine bisherigen Kollegen am Standort gehören plötzlich zu verschiedenen Abteilungen, haben neue Chefs, bekommen zum Teil auch andere Ziele. Dafür sitzen meine neuen Kollegen über ganz Deutschland verteilt. Unser Chef hat vielleicht einen oder zwei Mitarbeiter am gleichen Standort. Aber für die meisten aus seinem Team ist er (zu) weit weg. Kostenkontrolle und zunehmende Digitalisierung fördern die Entfremdung. Warum sollte das

Unternehmen Geld für Reisen zu einem Abteilungstreffen ausgeben, wenn man sich doch auch über die Kommunikationsplattformen im Internet austauschen kann.

Stufe 2 (ungefähr 2012): *Flächenkosten (Mieten etc.) geraten ins Visier der Sparer. Und da ist es doch ganz praktisch, dass mit der zunehmenden Digitalisierung immer mehr von zuhause gearbeitet werden kann. Das Unternehmen spart. Büroausstattung. Miete. Wasser. Strom. Und was gewinnt der Mitarbeiter? Weniger Autofahrten, mehr Kontakt zur Familie, weniger CO_2 - Belastung in seiner persönlichen Umweltbilanz. Aber was verliert er im Gegenzug? Den direkten, persönlichen fachlichen UND privaten Austausch mit den Kollegen. Den engen Zusammenhalt. Während das digitale Netzwerk Tag für Tag ausgebaut wird, verschlechtert sich das persönliche, analoge.*

Ausblick: *Völlig unbeachtet bleibt bei alledem das Bedürfnis der Mitarbeiter nach einem „Hafen". Früher war der Hafen der Bürostandort mit den eigenen Kollegen. Und heute? Man muss befürchten, dass es einerseits zu einer Vereinsamung und Des-Emotionalisierung kommt. Gleichzeitig wird unser Kunde mehr und mehr die wichtigste (und leider fast auch einzige) Bezugsgruppe. Ob das immer zu den richtigen Entscheidungen und Handlungen im Projektgeschäft führt, müssen wir abwarten.*

Ich bin nicht gegen Homeoffice. Im Gegenteil. Ich mag Homeoffice. Aber nicht fünf Tage die Woche. Und ich wehre mich dagegen, dass die Mitarbeiter in der digitalen Welt zunehmend wie eine Art „Endgerät" im Netz betrachtet werden. Anknipsen. Verfügbar. Angezeigt durch ein grünes Lämpchen im Communicator. Wir verlieren den menschlichen Bezug zueinander. Agieren nur noch digital-rational. Übertragen das ins Privatleben. Folgeschäden sind vorprogrammiert. Das kann und darf es nicht sein.

10. April 2000

Mit meinem Chef besuche ich einen Metallwarenhersteller. Vergangenen Mittwoch hat er mir von dem Termin erzählt. Hat mich gebeten, mögliche Ideen für eine zukünftige Kooperation auszuarbeiten. Wieder einmal verstehe ich nur Bahnhof. Um welche Form von Zusammenarbeit soll es genau gehen? Welche Leistungen bieten wir denn überhaupt an, an denen der Kunde eventuell interessiert sein könnte? Ich stelle nur wenige Fragen. Schließlich möchte ich meine Unkenntnis nicht direkt in der ersten Woche zeigen. Immerhin bekomme ich von ihm noch zwei Stichworte zugeworfen. Daraufhin ziehe ich mir aus einem System eine ellenlange Liste von möglichen Dienstleistungskomponenten. Verbringe Stunden damit, diese in ein einigermaßen lesbares Format in Form einer Excel-Tabelle zu überführen. So ausgerüstet gehe ich mit ihm in den Termin.

Der IT-Leiter auf der Kundenseite ist sehr offen und diskussionsbereit. Zwischen ihm, meinem Chef und unserem Haus besteht eine lange, partnerschaftliche Zusammenarbeit. Bevor ich überhaupt meine Liste erwähnen, geschweige denn zeigen kann, sind wir bereits inmitten einer intensiven Diskussion. Wir entwickeln mehrere gute Ideen am Flipchart. Diese werde ich in den kommenden Tagen in einige Powerpoint-Folien überführen, und zu möglichen Arbeitspaketen der Zusammenarbeit gruppieren.

Meine mit so viel Aufwand vorbereitete Excel-Liste öffne ich an diesem Tag - und auch danach - nicht mehr. Die ganze Excelei für die Katz. Stunden. Für nichts. Mich überkommt der leise Verdacht, dass hier ein erster Test durch meinen Chef stattgefunden hat. Er hatte bereits sein Lösungsbild im Kopf. Wollte von mir meine Ansichten und Ansätze hören. Viel hatte ich im Vorfeld nicht zu sagen. Hatte er mehr Fragen, mehr Ideen erwartet? In der Diskussion war ich engagiert. Schulnote? Vermutlich so irgendwas mit „befriedigend". Aber ich bin ja noch neu …

12. April 2000

Wir beginnen ein Kennzahlenprojekt bei einem Automobilzulieferer. Der Kunde hat den Anspruch, zukünftig eine bessere Steuerung seines Geschäftes zu erreichen. Er setzt dabei - neben weiteren Optimierungen - auf die regelmäßige Analyse von noch zu definierenden Indikatoren.

Kennzahlensysteme finde ich spannend, habe aber noch nie selbst eines entworfen. Bei meinem letzten Kunden hat ein Kollege ein ähnliches Kennzahlengerüst erarbeitet. Ich konnte das aus nächster Nähe miterleben. Drei wesentliche Dinge sind mir im Gedächtnis geblieben:

a) Der Kunde wollte zu viele Kennzahlen auf einmal. In der Konsequenz dauerte die Definitionsphase eine halbe Ewigkeit, die Teilnehmer hatten bereits nach der Hälfte der Workshops keine Lust mehr. Mit der Festlegung der letzten Kennzahl waren die zuerst definierten schon wieder aus den meisten Gedächtnissen verschwunden.

b) Der Kunde war sehr genau in der Abgrenzung der eingehenden Daten. Einerseits der richtige Ansatz, um im Ergebnis eine belastbare, eindeutige Kennzahl zu erhalten. Und hiermit auch für eine hohe Akzeptanz bei den Nutzern zu sorgen. Andererseits führte das gewählte Vorgehen zu unendlichen Diskussionen, bei denen alle (wirklich *alle*) Ausnahmen erörtert und berücksichtigt wurden.

c) Der Kunde hatte ursprünglich Kennzahlen erheben wollen, die zwar innerhalb eines Geschäftsprozesses, aber über mehrere Applikationen[5] hinweg ermittelt werden sollten. Vor dem Hintergrund eines

---

[5] Applikation: Heute auch kurz „App" genannt. Gemeint ist ein Computerprogramm, mit dem der Anwender für ihn nützliche Funktionen ausführen kann.

noch nicht durchgängig installierten Data Warehouses[6] ein nahezu unmögliches Unterfangen, das ebenfalls für langwierige Workshops mit unbefriedigenden Ergebnissen sorgte.

Ausgehend von diesen Erfahrungen nehme ich mir vor, zumindest die bekannten Fettnäpfchen zu umgehen. Mit dem Kundenprojektleiter vereinbaren wir zu Beginn für jede der drei geschilderten Herausforderungen jeweils eine verbindliche Vorgabe:

- **Regel #1:**

  Es gibt zum Start maximal zwei Kennzahlen pro Unternehmensbereich (Verkauf, Einkauf, Produktion, Service, etc.).

  Weitere Kennzahlen werden erst in einer späteren Phase (nachdem man ausreichende Erfahrungen mit den ersten beiden Indikatoren sammeln konnte) erarbeitet und umgesetzt.

- **Regel #2:**

  Als Datengrundlage werden ausschließlich *eindeutige* Objekte und Ereignisse herangezogen. „Ausnahmen" bleiben somit in der ersten Stufe unberücksichtigt.

  Im Einkauf soll zum Beispiel die Entwicklung der

---

[6] Zentrale Datenbank, in der die Daten (auch aus mehreren unterschiedlichen Quellen (Applikationen)) zusammengeführt werden. Ziel ist es, im Rahmen des Berichtswesens (Reporting) flexibel übergreifende Auswertungen erstellen zu können. Häufig erfolgt beim Import in das Data Warehouse eine Verdichtung der Daten: Statt hunderter einzelner Tagesbuchungen wird zum Beispiel nur ein aggregierter Wochen- oder Monatswert übernommen.

Lieferantenkontrakte mit einer Kennzahl überprüft werden. Das eindeutige Objekt ist der Kontrakt, sowie die zugehörigen Bestellungen und Wareneingänge. Wird eine Bestellung nicht mit Bezug auf den Kontrakt angelegt, fließt sie auch nicht in die Kennzahl ein. Erfolgt eine Retoure an den Lieferanten, reduziert sich hierdurch das ausgeschöpfte Kontraktvolumen.

4. Kennzahlen Einkauf

4.1. Kontraktentwicklung

Element	Beschreibung / Definition
Name der Kennzahl:	Kontraktentwicklung
Ablauf / Prozeß:	Bereich Einkauf
Hierarchie:	Landesgesellschaft und Gruppe
Anwender:	Landesgesellschaft und Gruppe
Ziel:	Frühzeitiges Erkennen von Über- Unterfüllungen der angeschlossenen Rahmenverträge zur schnellen Reaktion z.B. hinsichtlich Bonusverhandlungen
Beschreibung:	Gemessen wird die wertmäßige Entwicklung des abgerufenen Kontraktvolumens zum vereinbarten Kontraktvolumens.
	Abgerufenes Kontraktvolumen / Vereinbartes Kontraktvolumen
	Definitionen:
	abgerufenes Kontraktvolumen: Wareneingänge plus offener Bestellbestand (Rückstand) zum Zeitpunkt der Ermittlung
	vereinbartes Kontraktvolumen: vereinbartes (Jahres-)Kontraktvolumen / 12 * Anzahl abgelaufener Monate im Kalenderjahr

- **Regel #3:**

  Die Daten müssen aus dem zentralen ERP-System (in diesem Fall SAP) gezogen werden können. Daten aus anderen Quellen können in der ersten Stufe nicht berücksichtigt werden.

Wenn ich nun gedacht haben sollte, dass dieses Projekt einfach werden würde - weit gefehlt! Am unkompliziertesten gestaltet sich die dritte Regel: Über fünfundneunzig Prozent der Geschäftsvorfälle laufen sowieso im zentralen SAP ab. Aber wie sieht es mit Regel eins und zwei aus? Hier durchlaufen wir mit den Fachabteilungen in nahezu allen Workshops zwei wesentliche Problemfelder:

- Die initiale Einschränkung auf zwei Kennzahlen führt zu ausufernden Diskussionen. Diese drehen sich weniger darum, ob wir die Anzahl von zwei auf drei, vier oder fünf ausweiten können. Mehr wird die Frage erörtert, welche Kennzahl denn zu Beginn die wichtigste, effektivste für die Steuerung des jeweiligen Bereiches ist.

- Eindeutige Objekte stellen eine weitere Herausforderung dar. Denn – wie in allen Unternehmen – gibt es natürlich auch hier eine unendliche Anzahl an Sonderlocken, die mit eigenentwickelten Programmen und weiteren Individuallösungen bewältigt werden.

Das Projekt läuft nach der etwas schleppenden Definitionsphase sehr zügig: Bereits zwei Monate später sind die ersten Kennzahlen verfügbar. Mit der Präsentation der Grafiken folgt allerdings schnell eine Ernüchterung in den Fachabteilungen. Offenbar helfen die „nackten" Ergebnisse nicht, das Geschäft effizienter zu steuern. Die Verantwortlichen können aus den Zahlen keine Schlüsse für sinnvolle Veränderungen ziehen.

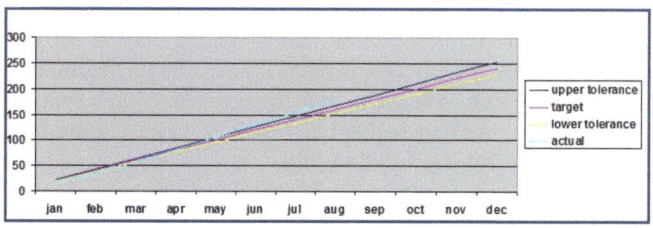

Es folgt eine mehrwöchige Diskussionsphase, ob (und wenn ja, wie) die Datengrundlage verbessert werden kann. Wie man dann doch (sämtliche) Ausnahmen berücksichtigen sollte. Das Unternehmen findet keine Einigung. Das Projekt wird eingestellt.

14. April 2000

Vor wenigen Tagen klingelt mein Telefon. Ich freue mich über den Anruf eines ehemaligen Kollegen. Zuerst plaudern wir über die Situation bei unseren Arbeitgebern. Dann rückt er plötzlich mit seinem eigentlichen Ansinnen heraus. Er und ein weiterer Berater halten meinen Ausstieg für richtig. Überlegen jetzt ebenfalls, mein ehemaliges Unternehmen zu verlassen. Allerdings wollen sie nicht in ein Angestelltenverhältnis wechseln, sondern verfolgen die Idee, ein eigenes Beratungshaus zu gründen. Und fragen mich, ob ich der dritte Partner werden möchte.

Waaoooh! Ehre!! Zum Zeitpunkt des Anrufes liegen mir die ersten Wochen im Konzern bereits ganz schön quer im Magen. Die vielen Vorgaben. Die Hierarchien. Die Fürstentümer. Warum sich daher nicht mit dem Gedanken der Selbstständigkeit beschäftigen. Wieder erweiterte Freiräume erhalten und mehr eigene Kreativität einsetzen. Ich sage einem ersten Abstimmungstreffen zu. Das findet heute statt.

Mit einem der beiden Kollegen habe ich schon in mehreren Projekten zusammengearbeitet. Ich schätze sehr die Intensität, mit der er seine Themen angeht. Wenn wir uns im Projekt am Abend zu einem Bier getroffen haben, kam er häufig später. Weil er immer „noch schnell" etwas für den nächsten Tag vorzubereiten hatte. Sackte dann regelmäßig nach dem ersten Weizen in sich zusammen. Müde. Ausgepowert. Aber zufrieden. Und erfolgreich. Gute Eigenschaften für eine erfolgreiche Beratung.

Den zweiten Kollegen kenne ich kaum, da er in einem anderen Unternehmensbereich tätig war. Ich habe ihn bei internen Veranstaltungen, und der ein oder anderen Diskussion immer als sehr analytisch und strukturiert wahrgenommen. Auch eine gute Fähigkeit für das gemeinsame Ziel. Wir brauchen in unserem zukünftigen Führungsteam die Ausgewogenheit von unterschiedlichen Talenten.

Über mehrere Monate hinweg treffen wir uns regelmäßig samstags oder sonntags. Nehmen dafür viele Stunden auf der Autobahn in Kauf. Erstellen Businesspläne, wägen mögliche Gesellschaftsformen gegeneinander ab. Diskutieren Marktzugänge und Kundenpotentiale. Die Aufgabenverteilung zwischen uns dreien. Den stufenweisen Ausbau unseres Teams. Potenzielle Kandidaten, die wir zum geeigneten Zeitpunkt von unserem ehemaligen Arbeitgeber abwerben könnten.

Mein Bauchgefühl zu der anstehenden Entscheidung ist nicht schlecht. Es ist aber auch nicht supergut. Im vertrieblichen Bereich sind wir alle drei weder sehr erfahren noch besonders affin. Da klafft eine große Lücke im Geschäftsmodell. Ohne Vertrieb keine Aufträge. Ohne Aufträge kein Umsatz. Die Zahlen unseres Businessplans sehen auf dem Papier (beziehungsweise in Excel) erfolgversprechend aus. Bedeuten allerdings auch von jedem von uns ein gehöriges Anfangsinvestment im unteren bis mittleren sechsstelligen Bereich. Die Amortisationszeit läge zwischen achtzehn und sechsunddreißig Monaten. Wenn alles gut laufen würde. Viele Konjunktive.

Im Herbst schläft bei meinen beiden potenziellen Kompagnons die Begeisterung für unsere Geschäftsidee etwas ein. Ich frage mehrfach intensiver nach, wann wir uns denn für den gemeinsamen Weg entscheiden wollen. Sie zögern mit ihrer Zusage. Im Oktober sind wir in einem unserer regelmäßigen Abstimmungstelefonate. Dort teilen sie mir mit, dass sie sich anders entschieden haben. Gegen die Selbstständigkeit. Sie werden bei unserem alten Arbeitgeber bleiben, sehen dort aufgrund anstehender organisatorischer und personeller Veränderungen eine gute und vor allem abgesicherte Perspektive.

Die Selbständigkeit würde große Risiken bergen. Wir alle haben Familie. Wir alle wohnen in Immobilien, für die wir noch lange unsere Zinsen und Tilgungen an die Banken bezahlen müssen. Eigentlich ist die Entscheidung somit richtig. Dennoch bin ich im ersten Augenblick zutiefst enttäuscht. Alle Mühen der letzten Monate umsonst. Die vielen Tage am Wochenende, an denen die Familie auf mich (und ich auf sie) verzichten musste.

In den folgenden Tagen bekomme ich mehr und mehr eine positive Einstellung zu der Entscheidung meiner „Partner". Es war und ist richtig, diesen Weg nicht weiter zu verfolgen. Nach wie vor fehlte uns der vertriebliche Kopf. Nach wie vor hatte ich Bauchschmerzen bei dem hohen erforderlichen Kapitaleinsatz.

Ein paar Wochen nach unserem Entschluss gegen das eigene Beratungshaus platzt die „New Economy" - Blase. Die Konjunkturaussichten rauschen in den Keller. Die Auftragslagen brechen bei nahezu allen Unternehmen dramatisch ein. Auch bei uns im Konzern. Investitionen werden verschoben, laufende Projekte über Nacht gestoppt. Wir wären in große Schwierigkeiten gekommen.

11. Mai 2000

Von meinen Ex-Kollegen hatte ich mich an meinem letzten Arbeitstag im März mit einem Pasta-Essen im Büro verabschiedet. Mit einem engeren Kreis möchte ich darüber hinaus noch einen besonderen Abend verleben, lade daher zu einem gemeinsamen Bierseminar ein. Mir ist es ein Anliegen, mich für die großartige, engagierte und immer konstruktive Zusammenarbeit zu bedanken. Doch je näher der heutige Tag kommt, desto gemischtere Gefühle habe ich. Zwar haben alle Eingeladenen freudig zugesagt. Doch wie wird das so sein, wenn wir nun seit sechs Wochen für verschiedene Unternehmen arbeiten? Worüber kann, worüber darf, worüber will man sprechen? Gibt es tatsächlich eine Art Band, das uns nach wie vor verbindet? Und auch weiter in die Zukunft verbinden wird?

Der Braumeister begrüßt uns. In den kommenden drei Stunden wird er uns immer wieder Gesellschaft leisten, uns dabei die Geschichte des Bieres in Theorie und Praxis näherbringen. In den Pausen dazwischen werden kleine Gerichte mit den dazu passenden Gebräuen serviert. Wir finden so ausreichend Zeit für unsere persönlichen Gespräche. In Summe kann ich den Abend genießen. Die (Ex-) Kollegen freuen sich in der geselligen Runde. Werden mit den fortschreitenden Bierverkostungen auch immer entspannter. So hatte ich es mir gewünscht.

Kontakte

Wie wird sich das angesprochene Band entwickeln? Aus heutiger Sicht hatte ich damals mehr Hoffnung. Mehr Optimismus. Wie sieht die Realität aus: Ein Abendessen als „Revival" mit vier Kollegen nach fünf Jahren. Bei einem runden Geburtstag zwanzig Jahre später ein Wiedersehen mit drei Kollegen. Fünf spontane Wiedersehen in Flughäfen oder bei Seminaren. Noch mit genau einem Kollegen findet mehrfach pro Jahr ein intensiverer Gedankenaustausch statt. Darüber freue ich mich sehr. Zu allen übrigen ist der Kontakt komplett abgerissen. Schade. Aber die Leben haben sich eben auseinanderentwickelt. Das verbindende Element von damals – unser Beruf und unsere gemeinsamen Projekte - gibt es seit über zwanzig Jahren nicht mehr. Wie an vielen anderen Stellen so auch hier:

„Alles hat seine Zeit"

---

18. Mai 2000

Nach sieben Wochen Unterbrechung bin ich heute endlich wieder bei „meinem" Automobilzulieferer. Diesen begleite ich seit meinem ersten Arbeitstag – bald habe ich dort

29

mein zehnjähriges Jubiläum! Irgendwie fühle ich mich dem Unternehmen sehr verbunden, und hatte den engeren Kreis meiner Ansprechpartner schon ein wenig vermisst. In einem Montagestandort direkt vor den Toren eines süddeutschen OEM´s[7] halte ich für einige Mitarbeiter eine Schulung über Logistikprozesse und die entsprechenden unterstützenden Funktionen der eingesetzten Software.

Um kurz vor neun komme ich in den Besprechungsraum, baue meinen Laptop auf, schließe den Beamer an. Und bin bereit für den Start. Eine Kundenmitarbeiterin sitzt bereits im Raum, die andere ist noch in den Montagehallen unterwegs. Die Tür geht auf, sie kommt herein – jetzt können wir loslegen. Nein. In breitestem Bayrisch fragt sie mich, welche Semmeln ich möchte. Wie? Was jetzt? Semmeln? Ja! Es ist Zeit für die Aufgabe der Bestellung des zweiten (oder ersten?) Frühstücks, das der Azubi gleich besorgen wird. Ich bestelle eine Semmel mit Leberkäse. Falsch. Nochmal. Ich bestelle eine *Leberkassemmel*. Richtig.

Jetzt können wir aber endlich anfangen. Oder? Ja. Natürlich. Ich habe gerade die Einleitung und die erste Übung geschafft, da kommt der Azubi mit den frischen, warmen Semmeln. Sofortige Unterbrechung der Schulung. Pause. Brotzeit. Lecker. Hier lässt es sich leben!

Konzernstrukturen
Im Vorfeld des Wiedersehens mit meinem Alt-Kunden habe ich eine Konzern-Odyssee durchlaufen: Unsere Organisation ist in Deutschland regional entlang der Bundesländer aufgestellt. Mein Kunde hat seinen Firmensitz vor eini-

---

[7] OEM: Original Equipment Manufacturer; in der Automobilindustrie wird es als Synonym für die Fahrzeughersteller (VW, BMW, Mercedes, etc.) verstanden.

ger Zeit von Ostwestfalen nach Schwaben verlegt. Somit ist „mein" Büro nun nicht mehr für diesen Kunden zuständig. Um Leistungen verrechnen zu können, benötigen wir ein Angebot, einen unterschriebenen Auftrag, und siebenundzwanzig Einstellungen in unseren IT-Systemen für die Leistungserfassung und -verrechnung.

In den folgenden zwei Wochen werde ich allen beteiligten Konzerninstanzen (es sind viele) mein Ansinnen erläutern. Ich lerne: Bei uns gibt es noch richtige regionale „Fürstentümer". Umsatz in Schwaben? Nur nach wohlwollender Prüfung und Zustimmung des Lokalmatadors!

Endlich ist der Auftrag erfasst, sind die Daten in unseren Systemen. Es kann losgehen. Meine Kollegen am Standort sehen mich übrigens als einen Exoten, da ich Projekte außerhalb unseres Bundeslandes betreue. Die werden sich alle noch wundern. Und umstellen müssen. Glaube ich. Und genau so wird es kommen.

26. Mai 2000

Ich besuche die DRUPA[8] in Düsseldorf. Über ein laufendes Projekt habe ich eine Fachbesucherkarte erhalten. Nach zwei Stunden intensiver Gespräche auf dem Stand unseres Kunden nehme ich mir den restlichen Tag Zeit für die Besichtigung der weiteren Hallen und Aussteller. Zwei Dinge begeistern mich besonders. Da ist zum einen die haushohe Rollendruckmaschine für den Zeitungsdruck. Was für ein Monstrum! Und was für Geschwindigkeiten, mit denen das weiße Papier von riesigen, tonnenschweren Rollen in die Maschine eingesaugt wird. Um dann nur wenige Minuten später als bedruckte, gefaltete und palettierte Zeitung vor

---

[8] DRUPA – DRuck Und PApier; weltgrößte Messe der Druckindustrie; findet alle vier Jahre statt

mir zu liegen. Zum anderen sehe ich an einem kleinen Stand schöne, bunte, ansprechende Einladungs-, Jubiläums- und Glückwunschkarten. Der Kunde kann sich bei diesem Unternehmen online im Internet nahezu jegliche Form von Drucksache selbst grafisch gestalten, bestätigt seinen Auftrag, und bekommt wenige Tage später seine fertigen Produkte nach Hause geschickt. Unglaublich![9]

Zwei so unterschiedliche Dinge. Die Rollendruckmaschine ist ein Dinosaurier. Wird vermutlich bald aufgrund der Digitalisierung und der damit zunehmenden Verbreitung von e-Papers aussterben. Dann nur noch in wenigen Technik-Museen zu besichtigen sein. Dagegen ist die Internet-Drucksachen-Gestaltungssoftware mit direkter Maschinenanbindung der Aufbruch in die digitale Welt. Der kleine Druckereibetrieb um die Ecke muss gut aufpassen, damit der digitale Zug innovativer Anbieter nicht an ihm vorbeifährt. Im Bekannten- und Freundeskreis erzähle ich begeistert vom digitalen Aufbruch. Von den Chancen. Aber auch von den Risiken. Die meisten verstehen mich nicht. Weil sie (noch) nicht die eigentliche Macht des Internets verstehen. Und weil sie nicht auf der DRUPA waren.

29. Mai 2000

Der Kunde, den ich Anfang des Jahres (noch unter meinem alten Arbeitgeber) beim Rollout[10] seines Prozess- und Software-Templates nach Frankreich unterstützt habe, fragt an, ob ich für einige weitere Termine in Paris zur Verfügung stehen würde. Spontan sage ich zu. Rufe danach in

---

[9] „Unglaublich" bezieht sich natürlich auf das Jahr 2000 – zwanzig Jahre später ist das alles - im Rückblick - „normal".

[10] Template – Rollout Ansatz: Ab dem Jahre 2000 ein großer Trend. Unternehmen entwickeln ein einheitliches, weltweit gültiges Prozessmodell und bilden es in einer Software ab („Template"); danach wird es in allen Gesellschaften weltweit – wenn möglich ohne Abweichungen von den zugrundeliegenden Standards - implementiert („Rollout").

unserem Sekretariat an, und erkundige mich, wer mir denn den Auslandsflug buchen könnte. Ich hätte besser nicht gefragt. In einer Art Nachhilfestunde für Neulinge im Konzern lerne ich: Für das Ausland ist die lokale Auslandsgesellschaft zuständig. Na klar. Das Fürstentum-Spiel, das ich vor einigen Wochen bereits innerhalb Deutschlands kennenlernen durfte, geht natürlich auch an den Grenzen weiter. Eigentlich logisch.

Aber wie komme ich jetzt zu meinem Kunden? Unsere (regionale) Teamassistentin sucht die Kontaktdaten unserer (regionalen) französischen Niederlassung heraus. Dort melde ich mich, frage nach einem Kollegen des Vertriebs. Schildere ihm meinen „Wunsch", einen Kunden in „seinem" Land zu unterstützen. Der Vertriebler legt zuerst in seinem CRM-System[11] eine Opportunity[12] an. Daraufhin löst er über den Einkauf eine offizielle Bestellung von der französischen an die deutsche Organisation aus. Wen bestellt er? Richtig. Mich.

Nur um mögliche Illusionen zu zerstören: Dieser Prozess findet natürlich nicht innerhalb eines Tages statt. Er zieht sich im konkreten Fall über drei Wochen hin. Fünf Tage nach meiner Rückkehr aus Paris trudelt endlich die offizielle Bestellung aus Frankreich bei uns ein. Darf man ohne eine formale Bestellung eigentlich Leistungen erbringen? Hmm ... wohl eher nicht. Wahrscheinlich war bereits die Buchung des Fluges und die Durchführung der Reise ein

---

[11] CRM - Customer Relationship Management: Hierunter versteht man im Allgemeinen die systematische Gestaltung der Beziehungen und Interaktionen eines Unternehmens mit Kunden und Interessenten. Eine CRM Software unterstützt bei der Verwaltung und Analyse dieser Prozesse, sowie bei der Interaktion mit den Kunden.

[12] Opportunity: Im Vertrieb der Begriff für eine Verkaufschance – eine Person oder ein Unternehmen signalisiert Interesse an einem angebotenen Produkt oder Service.

Verstoß gegen mehrere interne Richtlinien. Glücklicherweise für alle Beteiligten siegt am Ende dann doch der Pragmatismus. Aber auch das wird sich in den kommenden Jahren ändern.

5. Juni 2000

Unser Unternehmen lädt alle zentraleuropäischen Neuanfänger des letzten Quartals zu einem „Willkommens-Workshop" nach Süddeutschland ein. In einem Tagungshotel sitzen wir mit circa fünfzehn Kollegen und zwei Trainern. Trainer eins ist der eher jugendliche Typ. Gibt uns eine sehr gute Einführung in die Struktur unseres Unternehmens, die strategischen und operativen Ziele. Dann ist Trainer zwei an der Reihe. Schon etwas älter. Möchte die Stimmung mit einem auf Englisch vorgetragenen Gag aufheitern. Startet seine Vorstellung mit „Je älter ich werde, desto kleiner werden meine Bälle." Was für ein Brüller! Ich kann da noch nicht mal drüber schmunzeln. Da nicht alle das Englische verstanden haben (und offenbar auch zu wenig gelacht wurde), erklärt er den Witz auf Deutsch. In jungen Jahren habe er Fußball gespielt, dann Handball, nun Golf. Jetzt haben es wirklich alle begriffen. Trotzdem immer noch unlustig.

Neben den fachlichen Präsentationen und einigen Gruppenspielen kommt der Freizeitanteil nicht zu kurz. Am Abend geht es auf eine Cartbahn. Ich habe das zuvor noch nie gemacht. Denke natürlich, das ist alles super einfach. So wie Autofahren. Nach zehn Runden bin ich schweißgebadet. Und letzter bei den gemessenen Zeiten. Die Teams wechseln sich ab, so haben wir immer wieder Pausen für die Regeneration. Nach vier Durchläufen beendet unser Trainer den Fahrspaß. Wie - jetzt schon? Wir maulen, sind enttäuscht. Eine Viertelstunde und ein Hefeweizen später sagen wir keinen Mucks mehr. Das war *sooo* anstrengend. Wir sind alle völlig platt. Es ist gut, dass man uns rechtzeitig aus dem Rennen genommen hat.

Neben der Vermittlung von Wissen über unseren neuen Arbeitgeber steht natürlich auch der Aufbau von Kontakten im Vordergrund dieses dreitägigen Treffens. Die Kollegen, die ich kennenlerne, sind ohne Ausnahme sehr nett und engagiert. Ich finde es großartig, dass wir hier einen Grundstock für unsere zukünftige europäische Gruppe von „Neulingen" legen, die sich dann auch regelmäßig austauschen und unterstützen kann. Glaube ich. Soweit die Theorie.

Kaum zurück im Büro, sende ich eine E-Mail an den Teilnehmerkreis. Freue mich darin über unser Kennenlernen, betone die zukünftige Gruppenzugehörigkeit, die wir ja schließlich spätestens auf der Cartbahn mit viel Schweiß und Hefeweizen besiegelt haben. Ich drücke auf den „sende" Knopf. Und warte auf die begeisterten Antworten. Einer meldet sich. Fand es auch ganz nett. Keine weiteren Reaktionen. Hartnäckig versuche ich es erneut zu Weihnachten. Diesmal melden sich zwei. Aber ohne Empathie. Eher aus Mitleid. Zumindest lese ich es so zwischen ihren Zeilen. Und stelle weitere Bemühungen ein.

22. August 2000
Für einen (nicht *meinen*, sondern einen anderen) Automobilzulieferer darf ich eine IT-Strategie entwickeln. Der IT-Leiter des Kunden hat bereits sehr konkrete Ideen, in welche grundsätzliche Richtung er seinen Bereich entwickeln möchte. Da er jedoch noch nicht so lange im Unternehmen ist, benötigt er im ersten Schritt einen Überblick, wie die einzelnen Landesgesellschaften aufgestellt sind.

Dafür haben wir im Vorfeld gemeinsam in Excel einen Fragebogen erarbeitet, diesen dann an die jeweiligen IT-Verantwortlichen der Niederlassungen gesendet. Die Idee ist, dass man sich dort vor unserem Besuch mit den Fragen auseinandersetzt, und wir dann die Antworten während unseres Besuches diskutieren und dokumentieren können.

Der erste Besuch führt uns in die Niederlassung nach Frankreich. Der IT-Leiter und ich reisen am Vorabend an. Er hat für uns die Zimmerreservierung durchgeführt. Ich bin beeindruckt. Ein alter Gutshof ist zu einem modernen Gestüt mit angeschlossenem Hotel umgebaut worden. Mein Zimmer ist in einem ehemaligen Stallhaus, die historischen Balken liegen offen, und aus dem Fenster blicke ich aus der ersten Etage auf die Reitbahn. Die Eigentümer führen selbst ein sehr erfolgreiches mittelständisches Unternehmen im Sanitärbereich. So erklären sich unter anderem die wunderschönen Bäder! Zum Abendessen treffen wir uns im gutseigenen Restaurant. Sehr gutes Essen, sehr guter Wein. Ich werde eingeladen. Bei einem solchen Auftakt: Dieses Projekt wird erfolgreich werden!

Am nächsten Morgen fahren wir zur nur wenige Kilometer entfernten französischen Niederlassung. Der dortige IT-Verantwortliche begrüßt uns. Nach einer kurzen Vorstellungsrunde erläutert zuerst der IT-Chef sein Vorhaben. Danach zeigt der lokale Mitarbeiter auf einigen Folien seine Hard- und Softwarearchitektur. Bis hierher macht alles einen ordentlichen Eindruck. Mein Kunde möchte sich vor dem Mittagessen noch einen Überblick über die Räumlichkeiten machen – wo stehen die Server, wo die Netzwerkkomponenten. Der französische Kollege führt uns durch einige Flure, öffnet eine Art Abstellkammer, und verweist zufrieden auf sein „Rechenzentrum". Er: Et Voila! Mein Kunde: Schnappatmung! Kein vernünftiges Türschloss, keine Lüftung, keine Zutrittskontrolle. Schummrige Beleuchtung. Dutzende Kabel, die auf dem Boden herumliegen. Zentimeterdicker Staub. Wir sind geschockt.

Ich habe den Eindruck, dass der Franzose auch allmählich feststellt, dass wir seine Begeisterung nicht wirklich teilen. Kurzerhand schließt er die Türe, und erklärt, dass es dringend Zeit für das Mittagessen sei. OK. Aus unserer Sicht (ohne dass ich mich meinem Kunden abgesprochen hätte) eine gute Idee. Wir müssen das gerade Gesehene erst einmal sacken lassen. Verarbeiten. Verdauen. Puh!

Ein paar Minuten Autofahrt vom Werk entfernt geleitet er uns in ein eher unscheinbares Restaurant. Dieses werden wir erst in zweieinhalb Stunden wieder verlassen. Die Gerichte sind äußerst schmackhaft, auch die Weine passen. Es ist nur schade, dass wir beide nachher noch mit dem Auto nach Hause fahren müssen. Leben, essen und trinken wie Gott in Frankreich. Wie wahr! Eigentlich hatten wir nach dem Mittagessen noch Diskussionszeit und die Festlegung der nächsten Schritte eingeplant. Mein Eindruck: Aktuell besteht dazu bei keinem von uns Bedarf. Wir sind satt und zufrieden. Der chaotische Serverraum ist (zumindest vorübergehend) gedanklich in den Hintergrund gerückt.

Dokumentation & Visualisierung

Für die Bewertung der Ist-Situation der einzelnen Gesellschaften haben wir in der Vorbereitung eine einheitliche Vorlage („Template") erstellt, die wir für jeden Standort ausfüllen. Für die Gesamtübersicht der eingesetzten Applikationen haben wir uns für die nachfolgend gezeigte Darstellung entschieden.

Die Zeilen repräsentieren die Gesellschaften beziehungsweise Länder (C1 – C6), die Spalten stellen den Prozessablauf dar. Links beginnt er mit der Anfragenbearbeitung und Auftragsanlage, in der Mitte folgen die Beschaffung und Fertigung. Im rechten Teil schließen der Versand und die Faktura die Prozesskette ab.

Innerhalb eines Prozessschrittes zeigt die Anzahl der senkrechten Balken die verschiedenen zum Einsatz kommenden Applikationen an, die Höhe den funktionalen Abdeckungsgrad. Ein niedriger Balken bedeutet in der Regel ei-

---

nen hohen manuellen Arbeitsaufwand in diesem Prozess-schritt. Bleibt noch die Farbe: Gleiche Farbe bedeutet die Nutzung der gleichen Software.

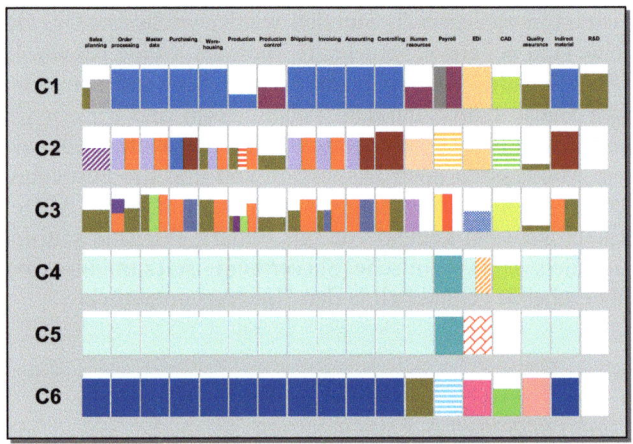

Eine schnelle Interpretation: Viele verschiedene Farben in einer Zeile oder sogar in einem Kasten sind schlecht (C2, C3). Niedrige Balken sind schlecht (C1 teilweise, C2, C3). Einheitliche Farben mit hohen Balken sind gut (C4, C5, C6). Was man in dieser Darstellung leider nicht sieht: Die „gutaussehende" Software bei C4, C5 und C6 hat keine Zukunftsaussichten – ihr Hersteller hat vor kurzem die Wei-terentwicklung eingestellt.

27. September 2000

Die kommenden drei Tage nehme ich an einem internen Training meines Automobilzulieferers teil. Ähnlich wie an-dere große Unternehmen hat sich inzwischen auch mein

Kunde entschieden, ein eigenes „Produktionssystem"[13] zu entwickeln und einzuführen. Ein solches Produktionssystem beschreibt die Vision, die Methoden und die Ziele einer effizienten Produkterstellung und/oder Serviceerbringung. Ein Baustein innerhalb des Systems kann zum Beispiel die Nutzung von Kanban[14] für eine bedarfsorientierte Materialversorgung und Produktion beschreiben. Ein weiterer Baustein die Anwendung von Kaizen-Elementen in einem permanenten Verbesserungsprozess vereinbaren. Welche Bausteine in welcher Intensität und Reihenfolge im Unternehmen eingeführt werden, muss jede Organisation individuell erarbeiten, und dann in vielen Iterationen den Mitarbeitern vermitteln.

Unsere Trainer sind hervorragend ausgebildet, die Schulungsunterlagen nahezu selbsterklärend, und auch die Beispiele und Übungen könnten nicht besser sein. Dennoch würde ich am liebsten heulen. Warum? Vor gut neun Jahren haben meine Kollegen und ich bei diesem Kunden begonnen, nahezu alle der heute im Rahmen des Produktionssystems vorgestellten Konzepte zu implementieren. Nur mit diesen Methoden konnten wir das Unternehmen damals von der Verlustschiene mit drohender Insolvenz wieder auf eine profitable Spur bringen. Ohne diese Maßnahmen damals säßen wir heute alle nicht hier.

---

[13] Nach meinem Kenntnisstand war die Firma Toyota der „Erfinder" eines solch grundlegenden Konzeptes: Das Toyota - Produktionssystem (TPS) hat das Ziel, jedwede Art von Verschwendung zu vermeiden, Ressourcen somit optimal einzusetzen.

[14] Kanban: Eine auf dem „Pull"-Prinzip basierende Methode zur Bestandsführung und Produktionssteuerung. Der „Verbraucher" zieht das Material („pull") von seinem Lieferanten über einen selbstregelnden Kreislauf. Man bedient sich dafür Karten (japanisch: Kanban).

Dann übernahm ein amerikanischer Konzern das Unternehmen, drehte einen Großteil der Lösungen wieder zurück. Nicht „Back to the Future", sondern „Willkommen in der Steinzeit". Warum? Weil man sich im amerikanischen Unternehmen damals weder methodisch noch produktionstechnisch auf dem Wissens- und Organisationsstand meines Kunden befand. Nicht auf die Stimmen des deutschen Unternehmers hören wollte. Auf die der Berater schon gar nicht. Und zudem völlig ignorierte, dass der europäische Automobilmarkt grundsätzlich andere Anforderungen als der amerikanische stellt.

Das Zurückdrehen „unserer" Errungenschaften durch den neuen Eigentümer hat in den vergangenen Jahren dem wirtschaftlichen Erfolg des Unternehmens massiv geschadet. Jetzt will, jetzt muss man besser werden. Und zwar schnell. Verkauft heute das, was man vor etwas über fünf Jahren als falsch und unsinnig abgetan und abgeschafft hat, als die glorreiche Zukunft.

Bei mir wohnen daher zwei Seelen in der Brust. Einerseits freue ich mich sehr, dass die Erkenntnis zur Notwendigkeit eines Produktionssystems jetzt auch bei den amerikanischen Eignern angekommen ist. Blöd finde ich, dass wir wirtschaftlich mindestens vier Jahre verloren haben. Dass vor uns Manager stehen, die sich an ihre drastischen Fehlentscheidungen vor wenigen Jahren nicht mehr erinnern können. Nicht mehr erinnern wollen. Aber am Ende die Lorbeeren kassieren werden.

17. Oktober 2000
Aufgrund unterschiedlicher Auffassungen über die *„Zahlung variabler Gehaltsbestandteile bei Beendigung des Arbeitsverhältnisses"* habe ich am 31. März 2000 gegen meinen ehemaligen Arbeitgeber Klage eingereicht. In den vergangenen Wochen gab es mehrere Schriftwechsel zwischen den Rechtsanwälten. Mich hat mit jedem Brief mehr über-

rascht, wie man doch einen Sachverhalt aus zwei völlig konträren Perspektiven darstellen kann. Entsetzt hat mich, wie wenig Ehrgefühl der ein oder andere Ex-Kollege an den Tag legt. Wie er sich als vermeintlicher Zeuge vor den Karren der Unwahrheiten spannen lässt. Man lernt eben nie aus. Und schaut auch hier immer nur bis vor die Stirn.

Studierte Menschen auf dem Weg zur Promotion testieren, dass meine (ungerechtfertigte) Forderung das Unternehmen in die Insolvenz treiben könnte. Unglaublich. Was ist da nur in der Erziehung schiefgelaufen? Wahrheit. Ehrgefühl. Wo seid ihr? Und bei welchem Professor haben sie in den letzten Jahren welche Vorlesung besucht? Oder wie gut haben sie zugehört?

Betriebswirtschaft für Dummies
Frage: Wenn ein Unternehmen Jahr für Jahr einen Überschuss in Höhe eines sehr großen Kuchens macht - treibt dann die Überlassung eines Krümels an den ausscheidenden Mitarbeiter die Anteilseigner in die Insolvenz? Antwort (auch ohne fifty/fifty – Joker): Wahrlich nicht!

Heute ist nun der Gerichtstermin. Um zehn Uhr soll es losgehen. Aber mein Anwalt ist nicht da. Ich bin nervös. Um kurz vor zehn klingelt mein Telefon. Er sitzt im Zug fest, wird vermutlich mindestens eine Stunde später kommen. Die Gegenseite ist bereits vor Ort. Bedrängt den Richter, anzufangen. Ich bin schweißgebadet. Dürfen die das? Der Richter lehnt das Drängeln ab. Ich meine wahrzunehmen, dass ihm das fordernde, aufdringliche Gebaren des gegnerischen Anwaltes überhaupt nicht gefällt.

Endlich ist auch mein Rechtsbeistand angekommen. Es kann losgehen. Ich werde zu einigen meiner vorher schriftlich getätigten Aussagen befragt. Schildere daraufhin nicht nur meine Sicht, sondern auch das bisher übliche Verhalten meines Arbeitgebers gegenüber anderen Kollegen, die vor mir das Unternehmen verlassen haben. Nach einer knappen Stunde unterbricht der Richter kurz die Sitzung. Bietet den generischen Partien an, die Zeit gegebenenfalls auch für eine außergerichtliche Einigung zu nutzen. Die letzte Chance. Wir gehen auf den Flur. Ich spreche meinen ehemaligen Geschäftsführer an. Schlage vor, dass wir immer noch einen Kompromiss finden können. Er lehnt ab. Er kann nicht anders. Kompromisse sind nicht sein Ding. Entweder er gewinnt. Oder nicht. Dazwischen gibt es keinen gemeinsamen Pfad. Viel mehr haben wir uns in dieser Situation logischerweise nicht zu sagen. Das „auf ihn zugehen" und die wenigen Sätze kosten mich enorme Kraft. Gleichzeitig habe ich das Gefühl, dass sie mir im Gegenzug große Energie zurückbringen. Ich kämpfe hier für mein Recht. Und von dem bin ich überzeugt.

Der Richter hat sich mit seinen Schöffen beraten. Im schriftlichen Urteil wird meine Rechtsauffassung voll bestätigt. Das Geld gehört mir. Die Gegenseite wird in die Berufung gehen. Weitere unsägliche Schriftsätze werden hin- und hergehen. Weitere Zeugen der Gegenseite werden weitere unwahre Dinge aussagen. Dennoch erhalten wir einige Monate später auch in der zweiten Instanz Recht. Es lohnt sich zu kämpfen!

21. Oktober 2000
Unser Unternehmen bietet seinen Mitarbeitern ein für uns kostenloses Fahrsicherheitstraining des ADAC auf einem Verkehrsübungsplatz in der Region an. Das Training findet an einem Samstag statt. Für viele Kollegen ein Grund, sich nicht anzumelden. Wäre es ein bezahlter Arbeitstag, wäre die Resonanz sicherlich höher. Mich interessiert es, einige

Stunden von professionellen Trainern auf die Besonderheiten und Grenzen des Fahrens aufmerksam gemacht zu werden. Denn darum geht es: Die eigenen Fähigkeiten richtig einzuschätzen. Die physikalischen Grenzen kennenzulernen. Und somit idealerweise in Gefahrensituationen schneller und konsequenter zu reagieren.

Am frühen Vormittag stehen wir am Rande des Parcours. Es ist kalt. Ich kenne nur wenige Kollegen. Das wird sich im Verlauf des Tages ändern. Jeder von uns bekommt einen Lautsprecher in sein Fahrzeug gehängt. Darüber können uns die Trainer individuelle Anweisungen geben und unsere Reaktionen direkt bewerten.

Eine der ersten Übungen: Wir fahren mit Tempo vierzig auf die trockene Strecke, bremsen an einer markierten Stelle ab auf Tempo Null. An dem Punkt, an dem wir zum Stehen kommen, stellt der Trainer einen Kegel an den Rand. Wir dürfen einen zweiten Kegel dorthin stellen, wo wir den Haltepunkt bei Tempo fünfzig vermuten. Fahren erneut, bremsen erneut. Das Ergebnis ist erschreckend. Wäre der Kegel ein Passant, wir hätten ihn alle überfahren. Keiner wäre vor seinem eigen gesteckten Ziel zum Stillstand gekommen. Einhundert Prozent Unfallquote! Sicherlich ein Schock für jeden von uns. Dann das Ganze noch einmal auf nasser Fahrbahn. Die Kegel wandern nun *sehr* weit nach hinten – wir sind ja alle vorsichtig geworden. Meinen wir. Fahren erneut, bremsen erneut. Nun ja – die Unfallquote sinkt von hundert auf circa fünfzig Prozent. Immer noch unterschätzt die Hälfte von uns die Situation. Solche Trainings müssten für alle Autofahrer verpflichtend sein! Am besten mit einer regelmäßigen Wiederholung. Diese Initiative unseres Arbeitgebers wird es nur noch zwei Jahre geben. Dann ist auch dafür kein Budget mehr vorhanden.

Eine Kollegin von mir erlebe ich in den Pausengesprächen als recht forsch. Sie bleibt keine Antwort, keine Ge-

genposition schuldig. Am Nachmittag fragt der Trainer, wessen Auto kein ABS habe. Sie meldet sich. Der Trainer fragt, ob er mit ihrem Fahrzeug eine spezielle Fahrsituation vorführen kann – sie könnte auch als Beifahrerin dabei sein. Sie stimmt zu. Der Trainer beschleunigt das Fahrzeug auf circa fünfzig Stundenkilometer, lenkt dann abrupt kurz ein und bremst. Das Fahrzeug dreht sich um exakt einhundertachtzig Grad. Kommt in der Spur in genau entgegengesetzter Richtung zum Stehen. Ein cooler Stunt! Der Trainer steigt aus. Wir applaudieren. Er erläutert noch einmal kurz im Detail, was er gemacht, und wie das Fahrzeug darauf reagiert hat. Interessant. Aber wo ist eigentlich meine Kollegin? Nach gefühlten fünf Minuten öffnet sich ganz langsam die Beifahrertür. Sie klettert in Zeitlupe heraus. Kreidebleich. Kein flotter Spruch in den folgenden Stunden. Sprachlos. Geschockt.

23. Oktober 2000

Nach dem kulinarisch interessanten Ausflug nach Frankreich (siehe 22. August 2000) darf ich heute für das IT-Strategieprojekt nach Großbritannien. Interkulturelles Training Teil II. Das Unternehmen hat dort zwei Standorte, wir beginnen im mittleren Westen.

Der lokale IT-Mitarbeiter begrüßt den IT-Leiter und mich am Werkstor. Er betreut beide Standorte, wird die kommenden zwei Tage mit uns verbringen. Er ist so, wie man sich einen echten Briten vorstellt. Mit einem Hauch eines Butlers. Höflich. Zurückhaltend. Zustimmend im Gespräch. Aber mit deutlicher eigener Meinung. Nach den ersten Diskussionen komme ich mir ein wenig wie im „Eaton Place"[15] vor. Luvely!

---

[15] „Das Haus am Eaton Place": Eine der erfolgreichsten Serien im englischen, amerikanischen und deutschen Fernsehen. Produziert 1971-75. Geschildert wird das Leben der Familie Bellamy in London zu Anfang des zwanzigsten Jahrhunderts.

Trotz aller britischer Höflichkeit finden wir auch hier ähnliche Zustände wie vor acht Wochen in Frankreich vor. Es gibt kaum Sicherheitsvorkehrungen für die IT-Systeme, und alles ist etwas ungeordnet. Was kann da nur helfen? Richtig: Ein gutes Essen! Zum Lunch geht es zwar noch in die recht einfache Standortkantine, doch am Abend werden wir ins Restaurant unseres Hotels eingeladen. Es gibt frisches Hirschsteak - aus der Region. Doch zuvor geht es stilvoll an die Bar. Hier fachsimpeln meine beiden Kunden über die Besonderheiten der angebotenen Whiskeys. Natürlich nicht ohne die ein oder andere Kostprobe zu genießen. Hochprozentige Sachen sind nicht so mein Ding, daher verkoste ich parallel „nur" das lokale Bier. Im Rückblick habe ich da sicherlich etwas verpasst.

Der zweite Tag. Vormittags haben wir weitere Gespräche in Werk A. Am Nachmittag fahren wir an die Ostküste. Werk B werden wir erst morgen besichtigen. Daher folgt jetzt ein weiterer Restaurantbesuch. Erneut in unserem heutigen Hotel. Mir schmeckt es außerordentlich gut. Habe mich erneut für Hirsch entschieden. Gegen das Lamm in der Pfefferminzsoße. Ich frage unseren Kunden, was er von dem Vorurteil hält, dass die Engländer nicht kochen können. Er ist der Meinung, dass diese Aussage falsch ist. Zumindest, wenn man bereit sei, entsprechendes Geld für das Dinner auf den Tisch zu legen. Das tun wir (beziehungsweise er) offenbar gerade.

Tag drei. Auch hier am Morgen wieder die obligatorische Werksbesichtigung, der ungesicherte Serverraum, lose Kabel. Lunch in der Werkskantine. Dann die Fahrt zum Flughafen. Auf dem Rückflug fragt mich mein Kunde, wann ich mit ihm die Niederlassung in Spanien besuchen kann. Ich stottere herum, versuche mich herauszureden. Wir haben in unserem Angebot kein Projektbudget für die Analyse einer dritten Gesellschaft vorgesehen. Irgendwann ist er es leid, mich überreden zu wollen. Wirkt verärgert.

Monate später sprechen wir noch einmal über den Vorgang. Ich erkläre ihm im Nachhinein die Budgetthematik. Er kann das nicht nachvollziehen. Sagt, wir hätten darüber doch einfach nur kurz reden müssen. Das Budget wäre ohne Probleme erweitert worden. Ich Depp. Die Chance zum interkulturellen Training Teil III vertan. Keine spanische Küche, kein spanischer Wein. Und kein unaufgeräumter spanischer Serverraum.

8. November 2000

Wir starten mit einer Vision: Inzwischen kann man ja fast alles im Internet erwerben, warum zukünftig nicht auch unsere SAP-Beratungs- und Implementierungsleistungen? Ein Team von acht Kollegen beginnt mit der Ideenfindung. In den kommenden vier Jahren werden wir einen elektronischen Marktplatz für Dienstleistungen aufbauen.

Zu Beginn bin ich durchaus skeptisch. Kann man tatsächlich unsere Leistungen über einen Marktplatz anbieten, und dann auch dort mit einem Mausklick verkaufen? Wie sollen unsere Angebote aussehen – ein Meter achtzig Senior-Beratung? Oder doch eher als Kilopreis? Nein, es ist die Idee, wiederverwendbare Lösungsbausteine anzubieten. Häufig konzeptionieren wir aktuell tatsächlich für den Kunden A eine Neuentwicklung, und ein anderer Kollege erarbeitet etwas zeitversetzt eine am Ende fast identische Lösung für den Kunden B. Ohne die Synergien aus den Ideen für den Kunden A verwendet zu haben. Ein guter Ansatz, dieser Marktplatz. Von der Wiederverwendbarkeit profitieren. Oder neudeutsch: „Reusables" erzeugen. Diese schneller und vor allem kostengünstiger als der Wettbewerb anbieten zu können. Nutzen für uns, und gleichzeitig Nutzen für unsere Kunden.

Ein anderer, für mich sehr wichtiger Aspekt dieses Projektes: Wir bekommen die einmalige Möglichkeit, eine komplett neue „Firma" aufzubauen. Heute würde man es vermutlich Start-Up nennen. Es existiert in unserer Branche nichts Vergleichbares, nahezu alles muss daher neu erdacht werden. Sicherlich, einiges können wir von bestehenden Marktplätzen abkupfern. So wäre es zum Beispiel unsinnig, das grundlegende Layout der Webseite komplett neu zu erfinden. Da gibt es bereits viel Erprobtes und Bewährtes. Menüleiste oben. Detailauswahl am linken Rand. Baumstrukturen. Technisch vorhandener Standard. Aber zu vielen Fragen sind eben keine Kopiervorlagen verfügbar. Diesen Teil müssen wir jetzt selbst konzipieren.

In den nächsten Monaten wird sich unser Team im Wesentlichen auf die folgenden Arbeitspakete konzentrieren:

- **Prozessdesign**
  Welche Prozesse sollen auf dem Marktplatz möglich sein, welche Abläufe benötigen wir aus der Kunden-, der Vertriebs- und der Lieferantensicht? Was sind gegebenenfalls Prozessanforderungen aus technischer Sicht? Wie einfach muss die Lösung zu bedienen sein?

- **Technische Umsetzung**
  Welche vorhandene Software wollen wir als Basis nutzen? Wie stellen wir die Seite für Kunden bereit? Müssen unterschiedliche Browser (Internet Explorer, Chrome, etc.) bedient werden? Benötigen wir Integrationen zu weiteren, bestehenden internen Systemen?

- **Lieferantengewinnung**
  Woher bekommen wir unser „Angebot"? Wie bewegen wir die Berater, ihre Lösungen bereitzustellen? Welche Dokumententypen und -strukturen gehören zu einem Angebotselement? Wie bepreisen wir unsere Produkte? Wie stellen wir die Qualität sicher? Und: Wird es „Verfallsdaten" geben?

- **Vermarktung**
  Wenn eine ausreichend große Anzahl an Lösungs-angeboten im Marktplatz verfügbar ist: Wie ge-winnen wir Kunden / Interessenten dazu, sich un-sere Angebote anzusehen? Wie bekommen wir ge-rade in der Anfangsphase ein hochwertiges Feed-back, um Verbesserungen zeitnah einbringen zu können?

Wie sich aus der Aufzählung und den Fragen zuvor er-kennen lässt: Es gibt viel zu tun. Sehr viel zu tun!

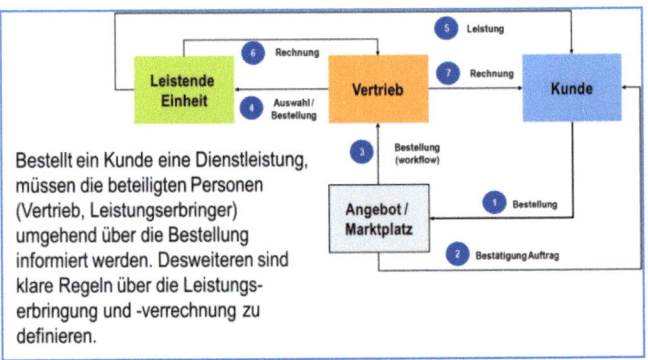

Nach der Rückkehr von diesem ersten Treffen fahre ich am Abend vom Flughafen noch kurz in die Kölner Innen-stadt. In einer Galerie wird um zwanzig Uhr eine Ausstel-lung von Arnulf Rainer eröffnet, der Künstler wird persön-lich vor Ort sein. Mir gefallen seine Werke, speziell die Kreuzübermalungen. Vor einiger Zeit habe ich mir ein Aus-stellungsplakat mit einem solchen Motiv gekauft, möchte es gerne heute Abend von ihm signieren lassen.

Doch der Künstler lässt auf sich warten. Nach dem langen Arbeitstag werde ich allmählich müde. Endlich geht gegen einundzwanzig Uhr dreißig die Türe auf, er kommt herein, und ist natürlich sofort von einer Menschentraube umringt.

Alle wollen den Meister sehen. Und ihn sprechen. Oder mit ihm gesehen werden. Eine Viertelstunde später habe ich mich zu ihm vorgearbeitet. Spreche ihn an. Zeige ihm das Poster. Bitte um ein Autogramm. Er lehnt ab. Erklärt, dass inzwischen zu viele Leute seine Unterschrift haben wollen. Und er daher seit einiger Zeit nur noch Objekte für wohltätige Zwecke signiert. Ich biete an - im Gegenzug zu seiner Unterschrift auf meinem Plakat - eine angemessene Spende an eine gemeinnützige Institution seiner Wahl zu geben. Inkonsequenterweise lehnt er ab. Ich will auch nicht übermäßig lästig werden. Breche daher meinen Signaturversuch ab. Fahre nach Hause. Hundemüde. Ohne Autogramm. Zumindest habe ich kurz mit dem Meister persönlich sprechen können. Auch ein Erlebnis. Positive Thinking!

28. November 2000
Nach der Überblicksschulung über das neue Produktionssystem bei meinem Automobilzulieferer vor vier Wochen findet in Ungarn an den kommenden beiden Tagen ein Vertiefungsworkshop zum Thema Kanban statt. Für mich und viele der langjährigen Kundenmitarbeiter ist das mehr oder weniger kalter Kaffee – wir haben das ja vor vielen Jahren schon einmal erfolgreich eingeführt, bevor die Amerikaner es dann wieder abschafften. Jetzt also der zweite Anlauf. Na dann.

Der Cheftrainer wird persönlich die Schulung halten. Er beginnt mit der Erklärung der Kanban-Historie, der Namensgebung, erläutert dann das grundlegende Konzept und führt uns über einige Übungen an die praktische Anwendung heran. Bei allen meiner eher ablehnenden Gedanken muss ich anerkennen, dass sich sein Team im Vorfeld viele gute Ideen über die besonderen aktuellen Anforderungen des Unternehmens gemacht hat. Sie sind in einigen Punkten durchaus besser unterwegs als wir bei unserem ersten Anlauf.

Zwei Tage später

Die meisten Schulungsteilnehmer sind bereits wieder auf dem Heimweg. Wir werden an den Folgetagen noch vor Ort diskutieren, welche der prozessualen Anforderungen bereits in unserer „alten" Software abgedeckt sind, und wo wir uns neue Gedanken für die Zukunft machen müssen. Mein grundlegender Eindruck: Der Cheftrainer will von unserer existierenden Lösung eigentlich gar nichts wissen. Ihm missfällt, dass ein Großteil seiner „neuen" Errungenschaften schon einmal vorhanden war, und dafür sogar eine nahezu passende Softwareunterstützung existiert.

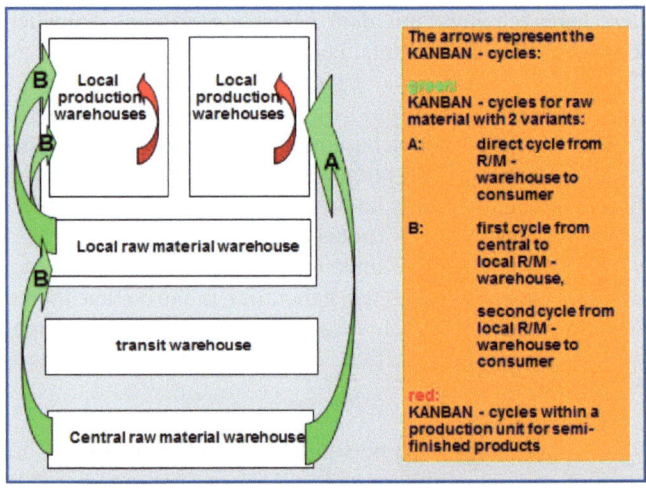

So verläuft die Diskussion zäh. Jede Kleinigkeit, auf die wir nicht sofort eine passende Antwort haben, wird als fehlende, negative Eigenschaft der Software ins Protokoll geschrieben. Unsere Hinweise, doch bitte auch die vielen bereits in der Software gelösten Anforderungen ins Protokoll aufzunehmen, werden überhört. Ein nerviger Tag. Wir sind die Letzten, die die Kanban-Idee nicht unterstützen würden. Aber hier geht es offenbar auch um Macht. Und Prestige. Also mal wieder um Platzhirsche.

Ebendiese gibt es übrigens am Abend auf der Speisekarte. Natürlich ohne Platz. Und nur die Filets. Ein weiterer westfälischer Unternehmer, der in der Region ebenfalls einen Produktionsstandort aufgebaut hat, ist parallel zum Hotelier und Gastronom geworden. Er hat einen schönen historischen Hof nahe des Ortszentrums erworben und saniert. Nun können dort circa dreißig Gäste in den alten eingeschossigen Stallungen übernachten. Und im angeschlossenen Restaurant sehr gut essen. Zu Beginn unserer Aufenthalte ist die ganze Anlage zur Straße offen und luftig. Bereits zwei Jahre später sichern Zäune, Stahltore und automatische Kameras die Zugänge. Mit den niedrigen Unternehmenssteuern hat man die Investoren und das Kapital angezogen. Und was folgt auf das Kapital? Genau.

Doch zurück zum Fachlichen. Wir diskutieren unter anderem die folgenden Herausforderungen und mögliche Lösungen:

- **Halbfabrikate mit höheren Rüstzeiten**[16]
  Das ursprüngliche Kanban-Prinzip geht ja davon aus, dass jede „leere" Karte direkt an den (internen oder externen) Lieferanten zurückgeht, und daraufhin eine sofortige Neuproduktion der festgelegten Menge beginnt. Nun haben wir allerdings Maschinen mit hohen Rüstzeiten, die wir nicht wirtschaftlich für die Menge *eines* Kanbans umrüsten können.

  Die Lösung:
  Es werden an der produzierenden Maschine die leeren Kanbans gesammelt, bis eine definierte Mindestanzahl an Karten zusammengekommen ist.

---

[16] Rüstzeit: Die Zeit, die man benötigt, um an einem Arbeitsplatz die Arbeitsgeräte / Maschinen von einem gerade gefertigten Teil A auf ein zu fertigendes Teil B umzubauen

Dann wird produziert. Dann lohnen sich die Rüst-zeiten. Und die Gesamtzahl der Karten ist so abge-stimmt, dass die noch vollen Kanbans die Versor-gung bis zum Eintreffen der nachproduzierten Menge gewährleisten.

An der Maschine wird diese Logik über eine Tafel umgesetzt, in der die leeren Kanbans überlappend eingesteckt werden. Je Material ist eine Markie-rungslinie eingezeichnet. Wird diese mit der nächsten leeren Karte erreicht, bedeutet das den Anstoß der (wirtschaftlich sinnvollen) Nach-Produktion. In der Software müssen wir uns ein paar mehr Gedanken machen, wie wir diesen „Trigger" über Parameter errechnen können.

- **Halbfabrikate mit sehr geringem Umschlag**
  Beim ursprünglichen Kanban-Prinzip geht man im Minimum von zwei Behältern aus. Habe ich ein Teil, das nur ganz selten benötigt wird, würde ich – bei zwei Behältern - einen entsprechend hohen Materialbestand ungenutzt an Lager legen. Das bindet zum einen Kapital, zum anderen benötigt es viel Lagerfläche.

  Die Lösung:
  Der „Single-Kanban"! Auch hier gibt es eine Kar-te. Aber nur eine. Und ist die Kiste leer, muss der Verbraucher so lange warten, bis der Lieferant ihm neue Ware bereitstellt[17]. Kann man natürlich so machen. Aber warum nennt man das dann Kan-ban?

---

[17] Dieses Verfahren wurde – um die schnelle Versorgung trotz Sin-gle-Kanban zu gewährleisten - nur bei am gleichen Standort be-findlichen „internen" Lieferanten genutzt

Eine Zielvereinbarung und ihre Auswirkungen

Lange habe ich mich gefragt, warum der Cheftrainer auf der Kundenseite mit Zähnen und Klauen den „Single-Kanban" verteidigt. Immer wieder habe ich versucht, ihn von dieser – für mich irreführenden, falschen – Begrifflichkeit abzubringen. Es hat nicht funktioniert. Dann laufe ich eines Tages durch die Produktion, und nehme erstmalig in einer Mitarbeiterecke eine Stellwand mit Grafiken wahr. Auf circa zehn Übersichten wird hier gezeigt, wie sich bestimmte Kennzahlen über die Zeit entwickeln. Eine der Kennzahlen zeigt den Anteil der Kaufteile und Halbfabrikate, die per Kanban gesteuert werden. Die Kurve auf der Grafik steigt stetig von Woche zu Woche.

Und da fällt es mir wie Schuppen von den Augen: Der Cheftrainer wird – unter anderem - an der Rate der Kanban-Teile gemessen! Die Bewertung seiner persönlichen Zielerreichung, und damit vermutlich auch ein Teil seines variablen Einkommens hängt von der Höhe (oder von der Entwicklung) dieser Kennzahl ab. Und deswegen nennt er alles „Kanban". Um eine möglichst hohe Quote zu erreichen. Persönlich absolut nachvollziehbar. Inhaltlich / fachlich eher nicht.

- **Neudruck oder Wiederverwendung?**
  In unserer „alten" Lösung wurden die leeren Karten gescannt, und anschließend weggeworfen. Mit dem Scanvorgang erfolgte automatisch der Druck eines neuen Kanbans direkt beim Lieferanten. Damals hatten wir deutlich kleinere Volumen. Inzwischen hat sich das Geschäft vervielfacht. Wir würden jeden Tag mehrere (kleine) Bäume verdrucken. Vom Toner ganz zu schweigen. Ziemlich unökologisch in immer grüner werdenden Zeiten.

Die Lösung:

Wir werden auf wiederverwendbare Karten umsteigen. Diese sind laminiert (somit auch nicht su-
per-ökologisch …) und werden im Umlauf bleiben. In Summe eine Verbesserung, die uns jedoch
einige Zeit wegen der mangelnden Disziplin der
Mitarbeiter Kopfschmerzen bereiten wird.

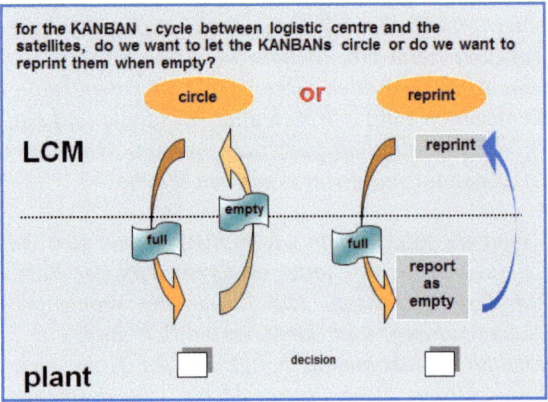

Das vorherige Verfahren des Scannens war recht
einfach, der Neudruck an der produzierenden Stelle automatisch gewährleistet. Jetzt müssen die
Karten über lange Strecken durch das Werk, und
in einem späteren Schritt sogar zwischen Werken
transportiert werden. Ohne Verluste. Das ist nicht
einfach.

Die Wiedereinführung des Kanban-Prinzips in den osteu-
ropäischen Werken meines Zulieferers wird mich in den
kommenden drei Jahren intensiv beschäftigen.

Ungarn – die ersten Jahre

Beschäftigen wird mich auch die rasante Entwicklung des Landes. Bei den ersten Aufenthalten werden wir von Taxidiensten am Flughafen abgeholt. Das erste Wegstück durch Budapest und einige Kilometer auf der neuen Autobahn sind immer ganz OK. Doch dann folgen dreißig Kilometer schmale, alte Landstraße. Viele Kurven. Und Schlaglöcher. Unübersichtlich. Immer wieder LKWs osteuropäischer Bauart vor uns, die kaum schneller als ein Fahrrad unterwegs sind. Unsere Fahrer, die sich plötzlich als Rallye-Experten entpuppen. Spontan auf die Gegenfahrbahn zum Überholen ziehen. Mit Tempo zwanzig. Um dann mit vierzig PS zu beschleunigen. Nicht selten kommen wir mit leichtem Angstschweiß im Werk an.

Wir sind froh, als nach und nach die Autovermieter ihre Niederlassungen eröffnen, und wir unser Schicksal selbst in die Hand nehmen können. Bei einer der ersten Fahrten mit einem Mietwagen hören wir bei leichten Kurven deutliche Schabgeräusche aus dem Motorraum. Als wir nachsehen, trauen wir unseren Augen nicht: Offensichtlich fehlen mindestens zwei Schraubverbindungen zwischen Motorblock und Chassis. Wurden sie bei der letzten Reparatur vergessen? Wir haben ein mulmiges Gefühl. Und nun? Kein Funknetz, keine Hotline. Also schön vorsichtig und langsam doch in diesem Zustand bis ins Werk fahren. Von dort den Schaden melden. Und hoffen, dass das Ersatzfahrzeug für die Rückfahrt besser in Ordnung ist.

Stufe 1: Fachteamleiter

oder

Kommt jetzt doch die Karriere?

Es ist so schön, sein Wissen weiterzugeben.
Es ist so schön, wenn alle meinem roten Faden folgen.
Es ist so schön, Aufgaben auf mehrere Schultern zu verteilen.
Es ist so schön, gemeinsam an einem Strang zu ziehen.

Soweit die Theorie.

Nun ersetze „ist" durch „wäre".
Und du bist in der Praxis angekommen.

(unbekannter Autor)

10. Dezember 2000

Unser Unternehmen lädt Mitarbeiter und Kunden zu einem „Tannenbaum"-Fest ein. Wir haben für diesen Tag ein komplettes Freilichtmuseum angemietet. Man kann sich die historischen Gebäude ansehen, es gibt aber auch viele weitere Aktivitäten und Attraktionen. In einem großen Zelt werden Kaffee und Kuchen gereicht. Neben einer kleinen Kirmes, die extra für die jüngsten Besucher aufgebaut wurde, gibt es für die Eltern einen Glühweinstand. Und die Krönung: Beim Verlassen des Geländes darf sich jeder Teilnehmer einen Weihnachtsbaum mitnehmen. Da die Bäume bereits verpackt sind, kann ich hier - im Gegensatz zum Anbieter in unserem Dorf - nicht stundenlang die unterschiedlichen Wuchsformen gegeneinander abwägen. Aber beim Aufstellen im Wohnzimmer einige Tage später werden wir nicht enttäuscht.

Das Fest ist eine einmalige, anregende Plattform, die an jeder Ecke Gelegenheiten für zwanglose Gespräche mit Kunden und Kollegen bietet. Diesen Tag werden alle Teilnehmer noch lange und positiv in Erinnerung behalten. Es ist somit ein Gewinn für die Kunden. Ein Gewinn für die Mitarbeiter. Ein Gewinn für die Familien. Ein Gewinn für unser Unternehmen. Oder etwa doch nicht?

Im kommenden Jahr wird dieses Ereignis erneut stattfinden. Und auch im übernächsten. Dann aber schon ohne die Familien der Mitarbeiter und Kunden. Und mit insgesamt weniger Mitarbeitern. Es wird alles zu teuer. Jede Ausgabe steht auf dem Prüfstand. Wenige Jahre später stellt mein Unternehmen die Veranstaltung komplett ein. Wir versenden dann nur noch die obligatorischen Weihnachtskarten. Und mit dem stärkeren Fortschreiten der Digitalisierung sparen wir zum guten Schluss Papier, Umschlag und Porto. Versenden eCards.

eCards – zum Glück noch nicht im Jahr 2000

Ich weiß ja nicht, wie es Ihnen damit geht. Ich freue mich inzwischen jedenfalls immer waaahnsinnig auf die weihnachtlichen eCards. Mir gefallen die super-kreativen Animationen, bei denen zum Beispiel ein Hund und eine Katze friedlich nebeneinander in den Sternenhimmel schauen. Und wo die Katze zum Abschluss dem Hund die Pfote auf die Schulter legt. Oder ist es umgekehrt? Vor allem freue ich mich, wenn ich diese Karte bereits das dritte Jahr in Folge vom gleichen Absender erhalte. Und weil sie offenbar so kreativ, sinnlich und schön ist, auch von mehreren anderen Absendern. Aus unterschiedlichen Firmen. Gibt es vielleicht eine Top-Ten der eCards? Und der Hund und die Katze stehen auch im dritten Jahr in Folge immer noch ganz oben?

Was wollen mir die Absender mit ihrem digitalen Gruß eigentlich sagen? Dass sie sich auch in diesem Jahr ganz besonders, persönlich und individuell für die gute Zusammenarbeit im ablaufenden Jahr bedanken möchten? Haben sie vielleicht vorher einmal darüber nachgedacht, welchen (meist) unpersönlichen Datenmüll sie hier verbreiten? Wahrscheinlich nicht. Habe ich den Absendern schon einmal auf ihre eCards geantwortet, dass ich spätestens beim dritten Abspielen der Hund-Katze-Anomalie einen zunehmenden Brechreiz verspüre? Nein. Es ist ja die Zeit des Friedens und der Liebe.

Aber: Es gibt ja durchaus Alternativen. Ich muss mich nicht an der digitalen Firmenstandard-Weihnachts-eCard beteiligen. Ich kann auch ganz analog zu Stift und Papier greifen, und meinen geschätzten Kunden und Kollegen einen persönlichen Weihnachtsgruß senden. Und das Porto zahle ich selbst. Das sind mir diese Menschen wert. Probieren Sie es einmal aus. Es geht![18]

14. Dezember 2000

Weihnachtsfeier. Die zweite! Innerhalb des gleichen Jahres!! Man kann es sich heute kaum noch vorstellen: *Zusätzlich* zu der Kunden-, Familien-, Firmenweihnachtsveranstaltung am 10. Dezember gibt es vier Tage später eine *weitere* Mitarbeiter- und Ehepartner-Firmenweihnachtsfeier. Unser Unternehmen lädt uns zu einem schönen Essen mit Rahmenprogramm in ein Restaurant ein. Ich freue mich sehr darüber, ist es doch mein erstes „Fest" im neuen Umfeld. Meine Frau kommt mit, ich kann ihr meine Kollegen vorstellen. Sie bekommt einen Eindruck, kann sich ein persönliches Bild machen, mit welchen Menschen ich jeden Tag gemeinsam in den Projekten arbeite.

Eine wunderbare Chance, das Arbeitsumfeld des Ehepartners in entspannter Atmosphäre kennenzulernen. Auch einmal die Menschen zu sehen und zu hören, von denen der Mann oder die Frau am Abend bereits so oft erzählt hat. Ein Gesicht zu den Geschichten. Was kann es Besseres geben für ein gegenseitiges Verständnis der Arbeitssituation des Partners? Eigentlich gut investiertes Geld des Arbeitgebers. Im Verhältnis zum erzielten Nutzen ein vergleichsweiser kleiner Betrag.

---

[18] Ein wichtiger Hinweis: Ich möchte Sie hier nicht anstiften, gegebenenfalls gegen interne Firmenrichtlinien zu verstoßen. Sollte in Ihrem Hause die Vorschrift existieren, dass Sie Weihnachtspost nur mit entsprechendem Corporate Design versenden dürfen, folgen Sie natürlich nicht meinem analogen Rat. Eine Abmahnung könnte die Folge sein. Und die möchte keiner von uns unter dem Weihnachtsbaum haben. Greifen Sie dann stattdessen zum Telefon und rufen Ihre Kunden und Kollegen an. Aber schicken Sie bitte keine eCards!

Doch auch dieser verhältnismäßig kleine Betrag wird in den nächsten Jahren weggespart. Noch zwei Jahre wird gemeinsam mit den Ehepartnern gefeiert. Dann fordern vermutlich die Aktionäre eine höhere Dividende. Und die Ehepartner dürfen zuhause bleiben. Nur wenige Jahre später wird man die Abteilungsweihnachtsfeiern komplett einstellen. Die letzten Scham-Mäntelchen werden in der Form ausgebreitet, dass durch den Arbeitgeber tatsächlich der offizielle Vorschlag erfolgt, zur *„Aufrechterhaltung der Tradition und zur Förderung des Betriebsklimas"* auch weiterhin Mitarbeiter-Weihnachtsfeiern durchzuführen. Als Privatinitiative. Privat organisiert. Auf private Kosten. Ein toller Vorschlag! Der die Kollegen rundum begeistert. So sehr, dass nach meiner Kenntnis keine einzige privat organisierte Weihnachtsfeier durchgeführt wird. An einigen Standorten entwickelt sich als Gegenbewegung die Tradition eines gemeinsamen Weihnachtsmarktbesuches. Mit Glühweinkonsum. Immerhin. Nach dem zweiten Glas Glühwein kommt dann spätestens die Erkenntnis. Früher war alles besser.

Wir entfernen uns ein weiteres Stück von unserem Unternehmen. Verlieren ein weiteres Stück der Bindung. Ein weiteres Stück mühsam und langjährig aufgebauter Kultur. Wir reden von den *„guten alten Zeiten"*. Schimpfen auf die Entscheidungen, die zu den jetzigen Zeiten geführt haben. Be- und verstärken unseren Unmut gegenseitig. Ein weiterer Schritt auf dem Weg der gegenseitigen Entfremdung von Arbeitgeber und Mitarbeitern.

17. Januar 2001
Auch so etwas gehört zum Beraterleben: Der Rückflug am Abend von Budapest nach Düsseldorf ist zuerst zwei Stunden verspätet. Dann wird er komplett annulliert. Dafür soll jetzt eine Maschine aus Wien in Budapest zwischenlanden, und die Passagiere mitnehmen. Allerdings nicht nach Düsseldorf, sondern nach Köln. Kurz vor Mitternacht

landen wir in der Domstadt. Ein Bustransfer soll uns nach Düsseldorf bringen – denn dort steht ja mein Auto. Trotz aller Reiseerfahrung finde ich den Bus nicht. Irre im leeren Flughafen umher. Erfahre dann, dass der Bus bereits weg ist. Bekomme einen Taxi-Voucher. Taxi ist eigentlich auch viel angenehmer als Bus. Gegen halb drei morgens bin ich zuhause. Vier Stunden später als geplant.

Budapest

Nur eine gute Stunde Autofahrt trennt meinen Projektstandort von Budapest. Schon länger habe ich die Idee, mir am Abend einmal einen Eindruck von der ungarischen Hauptstadt zu verschaffen. Bei diesem Aufenthalt funktioniert es, und ich kann sogar einen Kollegen als Begleiter gewinnen. Am späten Nachmittag laufen wir durch die Altstadt, von dort über die Kettenbrücke, fahren mit der Bahn auf den Burgberg. Genießen die wunderbare Aussicht auf die Donau und das Parlament.

Von einem Kundenmitarbeiter haben wir einen Tipp für eine Diskothek bekommen, die wollen wir uns nach dem Abendessen noch ansehen. Gegen zweiundzwanzig Uhr steppt zwar noch nicht der Bär, aber es ist schon einiges los. Die Eintritts- und Getränkepreise sind für ungarische Verhältnisse üppig. Entsprechend ist das bereits anwesende Publikum. Ungarische Oberschicht und ausländische Geschäftsreisende. Coole Musik. Eine beeindruckende Licht- und Lasershow. Schade eigentlich, dass wir schon nach zwei Stunden diese tolle Umgebung wieder verlassen müssen. Aber vor uns liegt ja noch die Rückfahrt. Und morgen ein ganz normaler Arbeitstag. Wie schaffen das eigentlich die anderen Besucher, die jetzt erst kurz nach Mitternacht eintrudeln?

Begeistert erzählen wir am nächsten Morgen beim Frühstück den Kollegen von unserer Stadtbesichtigung und dem Diskothekenbesuch. Der Atmosphäre, der guten Musik und den Lichteffekten. Sie ärgern sich, dass sie nicht mitgekommen sind. Bei einem erneuten Aufenthalt einige Wochen später werden wir erfahren, dass die Diskothek zwischenzeitlich geschlossen wurde. Wegen Rauschgiftverkauf. Und Prostitution.

Zwei Möglichkeiten. Entweder hat das alles erst nach Mitternacht stattgefunden. Als wir gerade weg waren. Oder die gute Musik und das Licht haben uns von den Schattenseiten abgelenkt.

7. Februar 2001

Unser Chef ist sehr vertrieblich geprägt. Ihn treibt permanent der Gedanke an, welche Leistungen er wem heute und auch morgen verkaufen kann. Dazu gehört für ihn, immer wieder neue Themen und Trends zu erkennen, und dazu passende Angebote intern bis zur Marktreife aufbereiten zu lassen.

Um diese Aufgaben etwas zielgerichteter und transparenter aufzusetzen und durchzuführen, regt er die Gründung von Fachteams an. Ein festgelegter Kreis von Kollegen wird sich dediziert (und vor allem regelmäßig) um ein bestimmtes Thema kümmern. Mir überträgt er in unserer Region die Leitung des Teams Prozessmanagement. In meinen Bewerbungsgesprächen haben wir bereits diskutiert, dass gerade die prozessorientierte Beratung zukünftig für unseren Erfolg immer wichtiger werden wird. Meine Kollegen aber häufig noch sehr isoliert in ihren Softwaremodulen (Verkauf, Einkauf, etc.) denken. Das soll sich schnellstmöglich ändern. Jetzt können wir offiziell mit dem Aufbau einer Methodik und des erforderlichen Knowhows starten. Ich freue mich sehr über diese neue Verantwortung!

Unser initiales Treffen. Einige Kollegen kenne ich bereits, mit anderen hatte ich bisher noch nichts zu tun. Am Abend nach dem Workshop ein erstes Resümee: Wir sind alle sehr engagiert. Das ist gut! Wir verfügen alle über eine langjährige und breite Beratungserfahrung. Das ist noch besser! Wir haben gravierend unterschiedliche Meinungen von unserem Thema und der an uns gestellten Aufgabe. Das ist nicht so gut. Da werden wir in den kommenden Wochen zuerst einmal an den Grundlagen und Definitionen arbeiten müssen. Aber hatte jemand gesagt, dass es einfach werden würde?

9. April 2001
Dies ist in diesem Jahr bereits mein dritter Aufenthalt in Ungarn. Nachdem mein Automobilzulieferer sein eigenes internes Optimierungsprogramm aufgesetzt hat, sind unsere (meine) Kanban-Erfahrungen (wieder) sehr gefragt.

Das Hotel in dem Ort, wo auch das von uns aktuell betreute Werk liegt, ist leider ausgebucht. Im Nachhinein muss ich sagen: Zum Glück! Denn in nur fünfzehn Kilometern Entfernung darf ich heute in einem ehemaligen Reitergut der „Von Esterhazys" übernachten. Weit ab von jeglicher Besiedlung liegt in den Hügelketten ein wunderbar renoviertes Anwesen. Die Zimmer sind groß und modern eingerichtet. Das Restaurant hat eine hervorragende Karte. Für ungarische Verhältnisse sehr teuer. Selbst für unsere Spesensätze schon ganz nett. Aber eben auch eine außergewöhnlich hohe Qualität.

Vor dem Abendessen mache ich noch einen kleinen Spaziergang durch die Abendluft. Der ehemalige Baron hat vor vielen Jahren direkt neben seinem Gut ein Arboretum[19] anlegen lassen. Mitten in der ungarischen Provinz wandele ich plötzlich durch exotische Bäume und Sträucher. Ein einmaliges Erlebnis. Einmalig ist übrigens auch, dass hier oben (noch) kein Mobilfunkanbieter eine Verbindung bereitstellt. Telefonieren vom Festnetz ist nach wie vor sehr teuer, so bleiben heute Abend nur ein paar kurze Sätze nach Hause.

Kommunikation

Für mich ist es „Standard", dass meine Familie bei den regelmäßigen Geschäftsreisen immer meinen Aufenthaltsort kennt, eine Adresse und eine Telefonnummer vorliegen hat. Und ich habe es mir seit den ersten Beratertagen zur Angewohnheit gemacht, jeden Tag einmal mit zuhause zu sprechen. Das ist wichtig. In einem Beruf mit ständig wechselnden Aufenthaltsorten braucht man einen stabilen Pol. Es ist gut, mit dem Partner am Abend die Eindrücke des Tages auszutauschen. Zumindest kurz. Und bei Bedarf auch die ein oder andere dringende Entscheidung gemeinsam zu treffen.

In meinem vorigen Arbeitsverhältnis laden wir einen Kollegen und seine Frau privat zu uns ein. Beim Abendessen erwähnt meine Frau, dass ich ja in der kommenden Woche Dienstag und Mittwoch beim Kunden X in Süddeutschland sein werde. Die Frau meines Kollegen ist komplett verblüfft. Darüber spricht dein Mann mit Dir? Ja, natürlich. Spricht dein Mann nicht mir dir über seine Reisen? Nein. Auch nicht über seine Arbeit? Nein. Warum nicht? Das haben wir noch nie gemacht. Seitenblick zum Ehegatten. Das fällt doch alles unter die Verschwiegenheitspflicht. Oder?

---

[19] Arboretum: Parkähnliche Sammlung verschiedener (exotischer) Sträucher und Bäume

*Es stellt sich heraus, dass die Frau nie die Reiseziele ih-
res Mannes kennt. Sie telefonieren während der mehrtägi-
gen Dienstreisen nicht miteinander. Und sie reden auch
nach seiner Rückkehr nicht über die Erlebnisse und Eindrücke. Weder über die beruflichen noch über die „freizeit-
lichen"[20]. Für meine Frau und mich ein komisches, ein
nicht vorstellbares, und insbesondere ein (für uns) nicht
tragfähiges Miteinander. Aber letztendlich muss jede Part-
nerschaft, jede Familie ihr eigenes Modell entwickeln, und
damit zurechtkommen.*

23. Mai 2001

Der Aufbau der internen Fachteams ist nicht nur in unserer Region gestartet worden. In den anderen Bundesländern
haben sich ebenfalls Mitarbeiter vergleichbar organisiert.
Das Prozessmanagement gibt es auch bei den Kollegen in
Niedersachsen. Wir regen einen ersten Austausch an. Warum sollen wir Dinge doppelt machen?

Unser Treffen verläuft sehr interessant. Auch bei den
Kollegen hier stelle ich ein großes Engagement fest. Und:
Sie sind mit ihren Entscheidungen und Aufgaben bereits
deutlich weiter als wir. Zum einen haben sie einige Wochen
vor uns mit der Arbeit begonnen, zum anderen gehen sie ihre Aufgabe erkennbar methodischer und strukturierter an.
Was bedeutet das für mein Team und unsere Zusammenarbeit? Ich werde mir darüber Gedanken machen müssen.

8. Juni 2001

In den vergangenen drei Jahren haben wir in einem großen Unternehmen der Stahlerzeugung und -verarbeitung ei-

---

[20] „Freizeitliche" Eindrücke – hat man die als Berater überhaupt?
Um darauf eindeutig zu antworten: „It depends!" Es gibt solche
und solche Charaktere. Ich gehöre zu den letzteren.

ne umfangreiche und auch erfolgreiche SAP-Einführung durchgeführt. Dennoch hadert das Kundenmanagement immer noch mit der neuen Prozess- und Applikationslandschaft. Warum? Weil es bis heute keine Schulung erhalten hat. Die Mitarbeiter in den operativen Bereichen arbeiten bereits seit über einem Jahr mit der neuen Software. Haben sich inzwischen ein sehr gutes Wissen angeeignet. Die Managementebene kennt bis heute nur drei Buchstaben: S, A und P. Das wollen wir ändern.

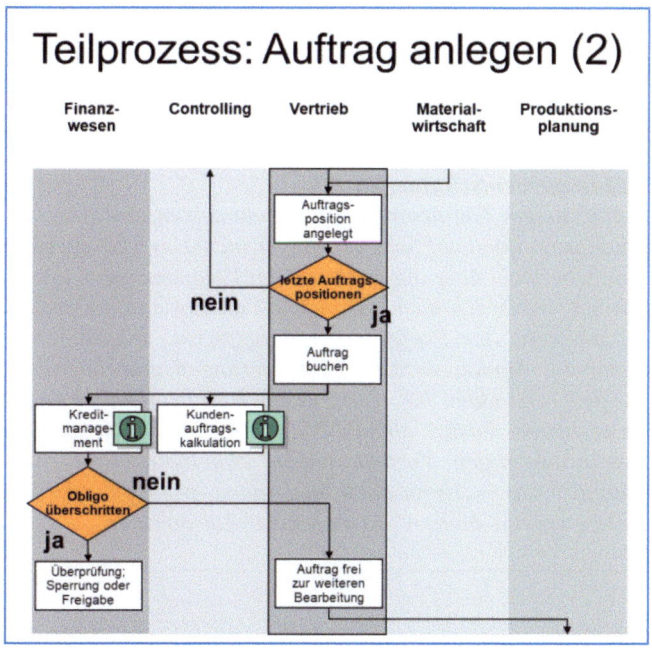

Ein Hotel in der Region. In einem großen Saal sitzen die Vorstände, die Hauptabteilungs- und Abteilungsleiter. Ungefähr einhundert Manager. Für sie haben wir eine besondere Form der Schulung vorbereitet: Wir projizieren unser zu vermittelndes Wissen auf zwei nebeneinander aufgestellte Großleinwände. Links den in PowerPoint schematisch dargestellten Geschäftsprozess (wie exemplarisch im Bild oben). Rechts den dazu passenden SAP-Ablauf, den ein Kundenmitarbeiter „live" am System ausführt. Diese Art des Wissenstransfers kommt bei den Teilnehmern sehr gut an. Das Feedback: Extrem positiv. Durchgängig hören wir die Frage: Warum haben wir das nicht schon viel früher gemacht? Tja. Warum eigentlich nicht? Wahrscheinlich war das Management lange Zeit der Überzeugung, dass es ja nicht persönlich mit der Software arbeiten wird. Und sich deshalb auch nicht inhaltlich damit zu beschäftigen braucht. Fehleinschätzung. Heute korrigiert. Besser spät als nie.

Managementschulungen

Aus diesem Tag nehme ich für mein zukünftiges Arbeiten einen wesentlichen Punkt mit: Bevor nicht das Management eine Übersicht über die angestrebten Veränderungen erhalten hat, werde ich nach Möglichkeit nicht mit den Kundenmitarbeitern das Projektgeschäft beginnen. Warum? Nur wenn das Management die Anforderungen und die Neuerungen verstanden hat, kann es auch sinnvoll das Projekt unterstützen. Positiv auf die Mitarbeiter einwirken. Sie zu den notwendigen Veränderungen ermutigen. Und auch einmal die „Es-ist-doch-alles-gut-so-wie-es-ist-warum-sollen-wir-das-ändern"-Kollegen zur Raison rufen.

Im Vorfeld wurde mit dem Kundenmanagement abgestimmt, welche Geschäftsprozesse im Rahmen der Schulung gezeigt werden sollen. Der Kunde hat sich zum einen für die „klassische" Auftragsabwicklung entschieden: Von der Kundenanfrage über den Auftrag, die Disposition und die Beschaffung über die Fertigung bis zum Versand und der Faktura. Als zweiten Prozess wählte man die Retourenabwicklung. Das verstehe ich überhaupt nicht. Warum möchte man einen perfekten Prozess für Retouren? Ich würde meine Energie doch eher darauf verwenden, ein fehlerfreies Produkt herzustellen und auszuliefern. Und somit die Anzahl der Retouren reduzieren. Offenbar sind Retouren der zweithäufigste und/oder zweitwichtigste Geschäftsvorgang in diesem Haus. Das stimmt mich nachdenklich.

Juli 2001

Ein Hersteller von Verpackungsmaschinen und –material arbeitet bereits seit vielen Jahren mit uns im SAP-Umfeld zusammen. Ihn beschäftigen zurzeit aber weniger Änderungen in der Software, sondern Fragen zur besseren Einhaltung von Lieferzeiten, zur Optimierung von Warenströmen und zur Reduzierung von Beständen. Ein klarer Fall für das Fachteam Prozessmanagement! Mit einem Kollegen habe ich den ersten Abstimmungsworkshop vorbereitet. Wir stellen dem internationalen Management unsere Projektmethodik vor: Zuerst eine Datenerhebung (in Form einer Fernabfrage) in allen europäischen Gesellschaften. Nach der Auswertung Besuche in zwei repräsentativen Ländern. Danach Auswertung der Erkenntnisse, und Erarbeitung der neuen Logistikstrategie. Unser Vorgehen kommt beim Kunden gut an. Wir bekommen den Auftrag. Eine spannende Aufgabe liegt vor uns!

Datenerhebung – Wie viel Excel darf es denn sein?

In früheren Projekten habe ich bereits mehrfach Datenerhebungen durchgeführt. So starte ich auch hier mit dem Aufbau einer Excel-Tapete. Und es wird eine Tapete! Am Ende kommen wir auf über eintausend Zeilen, in denen wir Mitarbeiter, Umsatz, Kundensegmente und vieles mehr abfragen. Der Rücklauf erfolgt sehr unterschiedlich: In der Tendenz antworten die Mittel- und Nordeuropäer schnell, umfangreich, detailliert. Die Südländer lassen sich etwas mehr Zeit, und „vergessen" auch schon mal die ein oder andere Angabe. Einer antwortet gar nicht. Ein Landesfürst, der sein Fürstentum nicht transparent machen möchte.

Wir sehen uns die Rückläufer im Detail an. Versuchen, Vergleiche zu starten. Muster zu erkennen. Das fällt sehr schwer. Erst jetzt erkennen wir, wie heterogen die einzelnen Gesellschaften sind. Die Schweden sind auf Produkte für die Holz- und Stahlindustrie spezialisiert. Damit können die Holländer überhaupt nichts anfangen. Sie haben Blumengroßhändler als Kunden. Wir müssen lernen: Stahlerzeuger und Blumengroßhändler lassen sich nicht gut vergleichen! Am Ende des Projektes werden die Excel-Tapeten den Weg ins Datengrab wandern. Unter dem Strich haben wir nahezu keine einzige Zahl für unsere Strategie nutzen können. Aber wir werden am Ende des Projektes um viele Erfahrungen reicher sein.

16. Juli 2001

Kurz vor einem Kundentermin erfahre ich, dass ein Kollege von uns plötzlich verstorben ist. Ich kannte ihn nicht näher aus gemeinsamen Projekten, aber aus den typischen Treffen unserer Abteilung an den Freitagen. Er machte dort immer einen lebensfrohen, niemals einen kränklichen Eindruck. Bei einer Bergwanderung mit seiner Familie ist er plötzlich zusammengebrochen. Und nicht mehr ins Bewusstsein zurückgekommen. Mich beschäftigt diese Nachricht sehr lange und sehr intensiv. Dies ist der erste Todesfall, den ich in meinem beruflichen Umfeld erlebe. Den Tod eines Kollegen, der nicht viel älter war als ich. Der ebenfalls eine Familie hat. Gedanken entstehen, welche Konsequenzen *mein* plötzlicher, unerwarteter Tod für unsere Familie hätte. Neben der Lücke im Familienverbund gehen die Gedanken natürlich auch sofort in die materielle Richtung. Welche finanziellen Absicherungen haben wir eigentlich vorgesehen? Wie lange würden sie ausreichen? Mit diesen Fragen sollte man sich frühzeitig beschäftigen. Und die Situation dann in regelmäßigen Abständen überprüfen. Auch wenn es kein erfreuliches Thema ist.

25. Juli 2001

In unserem Dienstleistungs-Marktplatz-Projekt treffen wir uns regelmäßig. Wenn es sich um zwei aufeinanderfolgende Tage handelt, versuchen wir oftmals, uns auch am Abend zu einer gemeinsamen Aktivität zusammenzufinden. Ich weiß nicht, wer im Hochsommer die Idee haben konnte, in einer Indoor-Halle Skilaufen zu gehen. Aber es hatte jemand diese Idee. Und sie wurde diskutiert und mehrheitlich positiv entschieden. Demokratie hat manchmal überraschende Konsequenzen. Daher gehen wir heute Skilaufen.

Draußen sind es über dreißig Grad, als ich meine Tasche mit den Skischuhen und den Rucksack mit der Winterjacke und der Skihose vom Auto über den Parkplatz zur Anmeldung trage. Zum Glück sind wir nicht die einzigen Winter-Individualisten. Die ganz harten tragen zusätzlich ihre eigenen Skier in die Halle. Strahlende Sonne. Hitze. Freibadwetter. Und wir gehen Skilaufen. Wegen der Demokratie.

In der Umkleidekabine muss es schnell gehen. Von kurzer Hose und T-Shirt in den Thermo-Overall. Jetzt noch durch die Temperatur-Schleuse - und wir fühlen uns (mehr oder weniger) wohl bei knapp über null Grad. Unter mir der Schnee, rechts, links und oben Metallplatten. Künstliche Beleuchtung. So ungefähr sieht auch mein Gefrierfach im Kühlschrank aus. Unser Team ist komplett in Wintermontur. Irgendwie urkomisch. Mit Pudelmütze und dicken Schals sehen wir uns heute das erste Mal. Einige haben die Skier bereits angeschnallt, bereit für die alpine Abfahrt. Die anderen werden sich darauf beschränken, in aufgeblasenen Gummiringen eine separate Bahn hinunterzurutschen.

Der Lift befördert uns Skiläufer zum höchsten Punkt des Kühlschranks, die anschließende Abfahrt ist kurz und unspektakulär. Kaum oben, schon wieder unten. Nun ja. Kann man ein paarmal machen. Die Truppe mit den Gummireifen hat hörbar mehr Spaß. Gekreische. Gejohle. Das lassen wir uns nicht entgehen. Schnallen die Skier ab, gesellen uns zu der Schlauchrutschtruppe. Nun rast die Zeit – wir haben *sooo* viel Gaudi zusammen! Ziemlich müde, aber zufrieden und mit einem deutlich vergrößerten und verstärkten „Teamgeist" verlasen wir zwei Stunden später die Halle.

Und die Moral von der Geschicht´

Was kann man aus diesem Ausflug lernen? Richtig: Wenn man im Hochsommer Skifahren geht, kann man auch im Winter draußen grillen. Das machen wir dann prompt sechs Monate später. Immerhin wird es drei Grad über Null sein. Also ähnliche Temperaturen wie im Ski-Kühlschrank. Da wird es richtig kuschelig rund um das Feuer.

---

02. August 2001

Im Projekt für den Hersteller von Verpackungsmaschinen haben wir zwei Analysen in Auslandsgesellschaften vereinbart. Vor drei Wochen waren mein Kollege und ich in den Niederlanden, heute bin ich in Finnland angekommen. Ein Taxi bringt mich vom Flughafen zum Kundenstandort, der sich in einem Vorort von Helsinki befindet.

Zwei Dinge fallen mir während der Fahrt auf: An allen Tankstellen, die wir passieren, werden die Benzinpreise in finnischen Kronen und parallel dazu bereits in Euro angezeigt. Aber es gibt doch noch gar keinen Euro? Auf Rückfrage erklärt der Taxifahrer, dass die Regierung sich überlegt hat, schon vor der Einführung Produkte (unter anderem eben auch Benzin) in beiden Währungen auszuzeichnen, sodass sich die Einwohner langsam an die Umrechnung gewöhnen können. Ich finde das sehr vorausschauend und bürgernah. Warum machen wir das eigentlich in Deutschland nicht auch so? Das wesentliche Argument ist sicherlich, dass es die deutschen Bürger mit einem Umrechnungskurs von fast exakt Zwei (D-Mark) zu Eins (Euro) nicht so schwer haben werden. In Finnland ist die Umrechnung komplizierter: Zehn finnische Mark entsprechen ungefähr einem Euro siebzig.

Das andere Auffällige ist für mich das Erscheinungsbild der Natur: Immer wieder sehe ich neben der Straße blankgewaschenen Felsen, der dann einige Meter weiter unter einer dünnen Erdauflage verschwindet, die wiederum Nahrung und Halt für die hier vorkommenden Pflanzen, Sträucher und Bäume bietet. Faszinierend!

Im Betrieb angekommen begrüßt mich der für Finnland und Schweden zuständige Geschäftsführer. Ich hatte ihn bereits in Deutschland in unseren Workshops kennenlernen können, und mag seine offene, direkte Art. Nach einem kurzen Kaffee begebe ich mich an die Arbeit. In den verschiedenen Unternehmensbereichen werde ich mit den Verantwortlichen heute und morgen Interviews führen, um mir ein Bild über die angewendeten Prozesse zu verschaffen. Mit einem kleinen Leitfaden ausgerüstet, stürze ich mich in die Gespräche. Sprache? Natürlich Englisch.

Am Abend lädt mich der Geschäftsführer zum Essen ein. Wir fahren ins Stadtzentrum. Eine unscheinbare Eingangstüre führt in einen kleinen Gastraum mit nur wenigen Tischen. Mein Gastgeber empfiehlt mir das „Überraschungsmenü" - dafür wäre das Restaurant bekannt. Und ich bin tatsächlich ziemlich überrascht! Die sieben Gänge haben kleine, aber dafür perfekt abgeschmeckte Portionen. Jeder Gang ist ein Genuss für den Gaumen und das Auge. Jedes

Glas Wein scheint genau für die Zusammenstellung, die gerade auf dem Teller vor mir liegt, gekeltert worden zu sein. Etwas so Geniales habe ich bis dahin noch nicht erleben dürfen. Das Restaurant kommt sofort auf die Liste der Orte, die ich erneut besuchen möchte. Nicht beruflich, sondern irgendwann privat mit meiner Familie.

Chez Dominique
Das ist der Name des Restaurants, in dem ich 2001 speisen darf. Man muss es wirklich SPEISEN nennen, dieses besondere, einmalige Erlebnis. Zwölf Jahre später komme ich wieder nach Helsinki, diesmal privat und mit Familie. Mein „Versprechen" möchte ich wahrmachen, und versuche per Internet einen Tisch zu bestellen.

Dort erfahre ich, dass das Restaurant seit kurzem geschlossen ist. Zu „meiner" Zeit 2001 hatte es einen Michelin-Stern. Das „Surprise-Menü" kostete um die dreihundert (300!) Euro pro Person. 2009 wurde es auf Platz 29 der besten Restaurants der Welt geführt. Ich muss mich erst einmal setzen und tief Luft holen. Was sagt man dazu?

Erstens: *Auch besondere Unternehmen leben offenbar nicht ewig. Vermutlich war kein geeigneter Nachfolger in Sicht, als der ursprüngliche Inhaber aufhören wollte.*

Zweitens: *So sehr ich rückblickend dankbar für dieses außergewöhnliche Erlebnis bin, so sehr frage ich mich natürlich im Nachgang, ob diese Form der geschäftlichen Einladung angemessen war. Vermutlich nicht. Solche Beträge zur Abendunterhaltung eines „kleinen" Beraters? Sicherlich fragwürdig. Aber es war schön!*

Drittens: *Mein Versprechen, meine Familie ebenfalls dort von sieben Gängen überraschen zu lassen, hätte ich unter*

der Kenntnis der Preise vermutlich nicht gegeben. So le-
cker, inspirierend und einmalig es war – dafür haben wir
nicht das Geld. Und hätten wir es, würden wir es vermut-
lich nicht für ein Michelin-Stern-Essen einsetzen. Aber wir
finden zwölf Jahre später auch andere gute (und vor allem
für uns erschwingliche) Restaurants in Helsinki.

Am folgenden Morgen bittet der Geschäftsführer um ein
kurzes Gespräch. Er fragt mich, ob mir bei meinen Interviews am Vortag speziell im Wareneingang etwas aufgefallen sei. Natürlich. Der für die Warenannahme verantwortliche Mitarbeiter erfasst die Wareneingänge nicht direkt persönlich im IT-System, sondern gibt die Belege zur Erfassung ins Sekretariat. Der Geschäftsführer beginnt eine Erklärung. Der Mitarbeiter tue sich sehr schwer mit der Be-
dienung eines Computers. Ich unterbreche ihn. Mir war das
bereits während des Interviews klar. Dieser Mann hat ein
tiefes Wissen in seinem Verantwortungsbereich. Wenn er
eine Hürde im Umgang mit dem Computer hat, ist das für
mich nichts Schlimmes. Der Mann macht einen guten Job
trotz seines „IT-Handicaps". Für letzteres hat das Unternehmen eine gute Lösung gefunden. Was will man mehr.

Donnerstagabend schließen wir die Analyse ab. Geplant
war eigentlich Freitagvormittag. So geht mein Rückflug
auch erst am Freitagabend. Umbuchen auf einen früheren
Termin? Das würde hohe Zusatzkosten bedingen. Kann
man das dem Arbeitgeber zumuten? Natürlich nicht! Zur
Not – nur ganz zur Not – lässt sich ja der Abend und der
kommende Vormittag noch für ein wenig Sightseeing nutzen. Mache ich dann auch. Besichtige den Felsendom.
Bummele über die Esplanadi. Besuche die Insel Suomen-
linna. Setze mich in der Spätabendsonne an den Hafen.
Helsinki ist WUNDERSCHÖN!

Der Unternehmer als Sponsor und Mäzen

In einem Nebengespräch erfahre ich ein weiteres interessantes Detail dieser Firma: Der ursprüngliche Inhaber war großer Handballfan. Handballverrückt. Spielte selbst für die finnische Nationalmannschaft. Und war daher auch offen für Mitarbeiter, die handballbegeistert waren. So wuchs der Anteil aktiver Handballer in der Belegschaft immer mehr an. Angeblich gab es eine Zeit, in der über die Hälfte der finnischen Nationalmannschaft in dieser Firma arbeiteten. Faszinierend! Ich stelle mir so die Situation während eines internationalen Turniers vor. Der Kunde ruft an. Möchte eine Bestellung platzieren, Ware geliefert bekommen. Die Antwort: Gerne in fünf Tagen, wenn die Mannschaft wieder zurück ist.

11. September 2001

Sommerurlaub. Vormittag. Wir sitzen mit Freunden am Nordseestrand. Ahnen noch nicht, was in wenigen Stunden passieren wird, welche Konsequenzen dieses Ereignis auf die gesamte Welt haben wird. Wir bestaunen Ebbe und Flut. Bauen Sandburgen. Genießen die Sonne in unseren Strandkörben. Während in den USA vier Flugzeuge starten, und kurz darauf von Terroristen gekapert werden. Zwei schlagen kurze Zeit später als fliegende Bomben in die beiden Türme des World Trade Center in New York ein.

2001 starren die Menschen noch nicht permanent auf ihre Smartphones oder Tablets. So machen die Nachrichten von den entsetzlichen Vorgängen eher langsam die Runde am Strand. Flugzeuge, die in das World Trade Center gestürzt sind? Haben die Menschen das tatsächlich gerade gesagt? War eventuell die Sonneneinstrahlung zu intensiv? Wir können es nicht wirklich glauben. Noch auf dem Weg vom Meer zur Ferienwohnung diskutieren wir, dass diese Informationen sicherlich Falschmeldungen sein müssen. Doch wir werden leider schnell eines „Richtigeren" belehrt …

Ab dem späten Nachmittag sitze ich vor dem Fernseher. Bis nach Mitternacht. Flippe durch alle vorhandenen Kanäle. Sehe immer wieder die Bilder der Einschläge der Flugzeuge. Die Rauchwolken. Die verzweifelten Menschen an den Fenstern der Zwillingstürme. Dann die zeitversetzten Einstürze der Wahrzeichen des New Yorker Finanzdistrikts.

Vor dreizehn Jahren habe ich als Student vor den Türmen gestanden, vierhundertzwanzig Meter senkrecht in die Höhe fotografiert. Die einmalige Aluminiumfassade bewundert. Bin dann mit dem Aufzug in die einhunderterste Etage gefahren, um von der Aussichtsterrasse das einmalige Panorama auf Manhattan zu genießen. Und diese beiden Türme sollen jetzt als riesige Schutthaufen am Boden liegen? Über dreitausend Menschen sollen allein hier gestorben sein? Unvorstellbar. Das überschreitet mein Vorstellungsvermögen. Unsere Freunde sind auch geschockt. Aber anders. Sie waren noch nie in New York, haben nicht dort oben gestanden. Dort oben. Das es seit heute nicht mehr gibt.

Dieser elfte September hat die Welt verändert.

Vierzehn Jahre später werde ich an Ground Zero stehen, in das Wasserbecken der Gedenkstätte schauen. Mich an meine Ausblicke vierhundert Meter höher erinnern. Und um die tausenden ermordeten Menschen, aber auch um die herrlichen Bauwerke trauern. Zwar wächst bereits im Hintergrund der Freedom Tower in die Höhe. Als Widerstand gegen den Terror. Als Zeichen der Unbesiegbarkeit. Aber das World Trade Center ist für immer weg. Vernichtet. Ausgelöscht. Durch Fanatiker. Im Namen der Religion.

21. September 2001

Meine ehemalige Firma bezieht neue Büroräume, lädt mich zur Einweihungsfeier. Darüber freue ich mich sehr. Nur zu sehr wenigen Kollegen haben sich über die vergangenen eineinhalb Jahre Kontakte gehalten. So bin ich gespannt, viele der ehemaligen Mitstreiter wiederzusehen und mit ihnen die Neuigkeiten zu diskutieren. Denn es gibt bei ihnen gravierende Veränderungen: Der Bereich, mit dem ich mich zum Schluss nicht mehr verstanden habe, hat einen „Spin-Off" durchgeführt. Gut ein Drittel der Partner und Berater haben das Unternehmen verlassen und eine eigene Beratung gegründet.

Aus der Distanz hatte ich bereits von der sich abzeichnenden Entwicklung gehört. Nun hat also diese Bereinigung der Konfliktsituation stattgefunden. Wäre das nicht vielleicht einen Gedanken wert, wieder zu „meinem" Teil zurückzukehren? Natürlich spiele ich diese Idee ab und zu durch. Kopfkino. Seit mehreren Wochen. Immer wieder. Das Ergebnis ist jedoch jedes Mal das Gleiche. So sehr ich meine ehemaligen Kollegen mag, so sehr bin ich inzwischen in meinem neuen Umfeld heimisch geworden.

Neben vielen guten und intensiven Gesprächen freue ich mich insbesondre, eine ehemalige Kollegin aus dem Sekretariat wiederzusehen. Unsere Zusammenarbeit hat mir immer großen Spaß gemacht. Sehr professionell, gleichzeitig durchaus humorvoll. Immer mit einem ironischen Augenzwinkern. Sie war ganz oben auf der Liste derjenigen, die wir im Falle unserer eigenen Selbständigkeit gerne sofort abgeworben hätten. Wir diskutieren über die Chancen der jetzt „neuen" Firmensituation. Sie erzählt mir, dass auch sie das Unternehmen in wenigen Wochen verlassen wird, um eine neue Herausforderung in Norddeutschland anzunehmen. Ich bin überrascht. Schade für meine Ex-Kollegen. Sicherlich ein großer menschlicher und fachlicher Verlust.

Ein paar Monate später erfahre ich, dass sie dem „Spin-Off"-Teil gefolgt ist. Mich würde interessieren, ob sie dafür tatsächlich den Weg über die Zwischenstation in Norddeutschland gegangen ist. Oder ob sie mich bei unserem Treffen einfach nur belogen hat. Letzteres hätte ich ihr nie zugetraut. Aber so ist es mit der Stirn beim Gegenüber.

5. Oktober 2001

Seit gut neun Monaten arbeiten wir nun in den verschiedenen Fachteams. Aufgrund der regionalen Aufstellung kommt mein Chef auf die Idee, „überregionale", also deutschlandweite Fachteamleiter für die Gesamtkoordination einzuführen. Bis heute habe ich mir die Hoffnung gemacht, diese Rolle zu bekommen. Nun erhält sie ein anderer. Enttäuschung. Eigentlich eine doppelte Portion Enttäuschung. Denn ich hatte zuvor von meinem Chef andere Signale erhalten. Signale, dass er mich durchaus in dieser Verantwortung sieht. Oder sie zumindest in Form einer Doppelspitze vergeben wird. Nun ja. Ent-Täuschung. Ich hatte mich offenbar getäuscht. Jetzt ist die Täuschung weg. Im Umgang mit meinem Chef und seinen Aussagen werde ich zukünftig vorsichtiger sein.

17. Dezember 2001

Ab heute ist der Euro-Starterpack[21] bei den Banken und Sparkassen erhältlich. Ein kleines Tütchen aus Plastik, das einige der neuen Münzen enthält, und uns so in zwei Wochen den vereinfachten Start in die neue Währung ermöglichen soll. Als ehemalige Sammler, Jäger und Fallensteller rennt halb Deutschland in die Schalterhallen und kauft die Starterpacks. Die meisten werden vermutlich in den Regalen und Schränken als potenzielle Wertanlage gehortet. Hamsterkäufe! Ein Blick ins Internet zeigt: Aktueller Handelswert für das deutsche Starterset nach neunzehn Jahren Lagerung circa dreizehn Euro. Es gibt vermutlich lohnendere Geschäfte.

---

[21] Der Starterpack kostete zwanzig D-Mark, enthielt zwanzig Euro-Münzen im Gegenwert von zehn Euro dreiundzwanzig.

Stufe 2: Projektleiter

oder

Will ich das wirklich?

*Wer glaubt, dass ein
Projektleiter Projekte leitet,
glaubt auch, dass ein
Zitronenfalter Zitronen faltet*

(unbekannter Autor)

31. Dezember 2001

Zum Jahresabschluss ein wenig Statistik zum Beraterleben und den damit verbundenen Erwartungen und Vorurteilen. Nach knapp elf Jahren Berufstätigkeit habe ich

- rund neunhundert Nächte im Hotel zugebracht. Das entspricht - bei sieben Nächten pro Woche - ziemlich genau zweieinhalb kompletten Jahren. Rechnet man die Wochenenden ab, liege ich bei ungefähr dreieinhalb Jahren. Trotz allem bin ich immer noch verheiratet, und meine Familie spricht mich mit dem richtigen Namen an. Toi, toi, toi!

- mit dem inzwischen dritten Fahrzeug insgesamt mehr als fünfhunderttausend Kilometer zurückgelegt. Enthalten sind darin allerdings auch private Fahrten. Dennoch. Wenn man das Autofahren nicht mag, ist Beratung der falsche Beruf.

- Projekte in drei europäischen Ländern durchgeführt. Der Schwerpunkt liegt hierbei definitiv in Ungarn, mit deutlichem Abstand (in Bezug auf die Anzahl der Reisen) folgen Frankreich und Großbritannien.

21. Februar 2002

Im Projekt beim Hersteller von Verpackungsmaschinen findet die Abschlusspräsentation statt. Wir haben gute Gedanken und Lösungsansätze für das neue Logistikkonzept ausgearbeitet. Die Ideen stoßen bei unseren Projektsponsoren auf große Zustimmung.

So schlagen wir unter anderem vor, bestimmte Produktfamilien nicht mehr von jeder Niederlassung einzeln bestellen und lokal lagern zu lassen. Sondern nur noch in einem zentralen europäischen Versandlager zu bevorraten. Überschlagsrechnungen haben gezeigt, dass die dadurch entstehenden längeren Versandwege zwar die Distributionskosten zum Endkunden erhöhen, dafür aber die Gesamtbestände und deren Kosten deutlich reduziert werden können.

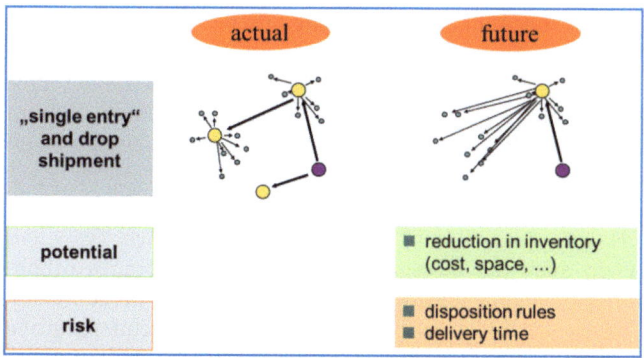

Unser Beratungsziel ist ein Folgeauftrag, in dem nun Produktgruppe für Produktgruppe die Details für die Bevorratungs- und Versorgungsstrategien ausgearbeitet werden. Dazu wird es nicht kommen. Die Fürsten sind mächtiger als die Zentrale. Sie bestehen auf ihren lokalen Beständen. Ein Zentrallagerkonzept kommt für sie nicht in Frage. Offenbar erwirtschaften die Länder ausreichende Erträge. Zusätzliche Einsparpotentiale werden nicht benötigt. Es bleibt abzuwarten, wie lange man sich auf dieser Situation ausruhen kann.

23. April 2002

Wir haben einen großen Auftrag bei einem (weiteren) Automobilzulieferer gewonnen. In den kommenden zehn Monaten werden wir das zukünftige Geschäftsprozesstemplate konzipieren und in SAP umsetzen. Im Anschluss soll der Rollout in die Vertriebsorganisation und ein erstes Produktionswerk in Deutschland erfolgen.

Meine Aufgabe: Den Kunden und meine Kollegen zu einem prozessorientierten Vorgehen anzuleiten. Wir werden das gesamte Projekt vom ersten Tag an den Geschäftsprozessen des Unternehmens ausrichten. Das fällt sowohl dem Kunden als auch den meisten meiner Beraterkollegen sehr schwer, da sie nach wie vor gerne in ihrem eigenen „Silo" denken. Der Blick „über den Tellerrand hinaus" – dahin, wer vor ihnen an einem Vorgang arbeitet, und wer dann im Anschluss ihr Arbeitsergebnis weiterführt – fehlt. Der Wille für eine Veränderung vom eigenen Silo hin zu einer Prozessorientierung ist nur sehr gering verbreitet. Warum überhaupt Veränderung? Es hat doch in der Vergangenheit auch immer funktioniert.

Hat es das wirklich? Spätestens in den ersten Tests, bei denen auch die Übergänge zwischen den Verantwortlichkeitsbereichen einbezogen wurden, „knallte" es regelmäßig. Und es war nicht unüblich, dass in der Konsequenz große Teile der Lösung in den „Silos" neu durchdacht und angepasst werden mussten. Weil der Integrationsgedanke im ursprünglichen Konzept nicht (oder nur unzureichend) berücksichtigt worden war. Nein. In der Vergangenheit hat es eben nicht funktioniert. Die Fehler wurden nur später entdeckt. Das wollen wir ändern.

Veränderungsbereitschaft oder **Die Pissoir-Studie**

Anfang des neuen Jahrtausends kommt die Veränderungsbereitschaft und die Veränderungsfähigkeit der Mitarbeiter immer stärker in den Fokus der Projekte. Das Organisatorische Veränderungsmanagement (im Englischen „OCM" für „Organizational Change-Management") gewinnt mehr und mehr an Interesse und Bedeutung.

Wie so oft bei Neuerungen gibt es jenseits der gesunden Mitte starke Ausschläge des Pendels. Ein Extrempol neigt zu keinen besonderen Schulungen. Setzt stattdessen auf sanktionierende Maßnahmen bei Verstößen gegen den „neuen" Arbeitsablauf. Die andere Extremfraktion möchte

84

die Mitarbeiter „in ihrem Inneren" abholen. Nicht ganz zu Unrecht entstehen hier die Vorurteile, dass OCM etwas mit Räucherstäbchen zu tun hat ... ommmmmm! Und wie immer liegt die Wahrheit in der Mitte.

In diesem Projekt stehe ich an einem Vormittag in der Herrentoilette vor einem Pissoir. Und mir fällt auf: Wenn ich hierherkomme, keine Einschränkungen – zum Beispiel durch andere Anwesende – habe ... benutze ich immer das gleiche Pissoir. Warum eigentlich? Die Frage geht mir nicht mehr aus dem Kopf. Ich komme nach einigem Nachdenken zu zwei Erklärungen.

Erklärung 1:
Dieses Pissoir hat mich noch nie enttäuscht! In den heutigen Zeiten des selbstspülenden High-Tech-Pissoirs muss dieser Gedanke etwas schwierig für die jüngeren Generationen nachvollziehbar sein – darum sei er hier erläutert. Früher – also im analogen mechanischen Zeitalter – hatten Pissoirs ein Druckventil, das man nach vollzogener Arbeit manuell bedienen musste. Im Normalfall keine negative Erfahrung. Aber: War die Dichtung defekt, sprudelte einem kaltes Wasser über die Hand. Sauberes Wasser. Völlig sauberes Wasser! Aber eben kalt. Kam man das nächste Mal in die Herrentoilette, gab man seinem Lieblings-Pissoir eventuell noch eine zweite Chance. War die Dichtung immer noch defekt, suchte man sich ein neues. Und blieb diesem anschließend im Regelfall treu. Zumindest, bis auch hier die Dichtung versagte.

Erklärung 2:
Würde ich jedes Mal nachdenken, und individuell entscheiden, welches Pissoir denn nun gerade heute mein liebstes ist, würde ich wahrscheinlich ziemlich viel zusätzliche Zeit unnütz in Herrentoiletten verbringen. Zudem müsste ich mir vermutlich einige merkwürdige Blicke anderer Besucher einfangen, denen mein Auswahlprozess sicherlich

etwas befremdlich vorkommen würde. Ich begebe mich also in eine Alltagssituation, und spule ein komplett vordefiniertes Programm ab. Solange mir niemand eine Alternative erläutert, mir diese als etwas Besseres zur eingeübten Vorgehensweise vorschlägt, bleibe ich in meinem Trott.

Ableitung:
Veränderung benötigt einen Anstoß von außen. Eventuell sogar eine Kombination mit einer negativen Erfahrung. Veränderung benötigt aber auch eine Erklärung. Eine Hinführung auf den neuen Zielzustand. Natürlich ohne Räucherstäbchen.

Die Pissoir-Studie
In jedem meiner Projekte mit Veränderungsbedarf (also in JEDEM Projekt) versuche ich seither den männlichen Kundenmitarbeitern bei Gelegenheit die Pissoir-Frage zu stellen. Nutzen Sie – sofern alle Stellplätze frei verfügbar sind – immer das gleiche Pissoir? Das Antwortverhalten ist eindeutig. Über achtzig Prozent bejahen das auf Anhieb. Circa zehn Prozent sind tendenzielle „Wechselnutzer". Weitere zehn Prozent sind die üblichen intellektuellen Besserwisser. Natürlich gehen sie immer an die gleiche Stelle. Aber sie haben das Fragemuster erkannt, und wollen nicht als „Mainstream" gelten. Geben daher an, sich jedes Mal individuell zu entscheiden. Geschenkt. Aber seid gewiss: Ihr seid durchschaut! Auch ihr gehört zu den Gleichpinklern!

PS
Sollten Sie einmal von dieser Studie hören – ich habe sie tatsächlich erfunden. Zumindest habe ich noch keine vergleichbare Analyse gesehen. Oder davon gehört.

PPS
Bitte verwechseln Sie diese Erhebung nicht mit der ähnlich klingenden Pisa-Studie. Es bestehen deutliche inhaltliche Unterschiede.

PPPS

Ein Copyright besteht nicht. Zumindest noch nicht. Nutzen Sie daher diese Gedanken, und erweitern Sie gerne den Kreis der Teilnehmer. Passen Sie gegebenenfalls von Zeit zu Zeit die Fragestellung dem technologischen Fortschritt der Pissoirs an.

PPPPS

Diese Studie wurde in einer rein männlichen Umgebung entwickelt. Die meisten Probanden wurden auch nur in homogen männlichen Gruppen befragt. Die Befragung in weiblichen oder gemischt-geschlechtlichen Gruppen sollten Sie sich vorher gut überlegen.

08. August 2002

Im Projekt hat sich hoher Besuch angesagt: Unsere beiden Deutschland-Chefs haben heute einen Termin beim Projektleiter des Kunden. Es läuft nicht so ganz rund in der Zusammenarbeit. Ein Gespräch auf der Management-Ebene soll die Situation und das allgemeine Klima verbessern. Da unser Projektleiter gerade in Urlaub ist, hat man mir die ehrenvolle Aufgabe übertragen, unseren Managern beim Mittagessen die Projektsituation zu erläutern. Sie zu „briefen"[22]. Bevor sie dann in das Kundengespräch gehen.

Kurz vor Mittag klingelt mein Handy. Die beiden stehen im Auto vor dem Werkstor. Ich gehe nach unten. Steige hinten in das Fahrzeug ein. Will die beiden Kollegen begrüßen. Die winken entnervt ab. Beide sind in (unterschiedliche) Telefonate vertieft. Irgendwie schafft es der Fahrende, das Restaurant zu finden, in dem wir uns jetzt austauschen wollen. Wir steigen aus. Die beiden telefonieren. Wir

---

[22] briefen, das Briefing: Kurze Einführung in eine Situation, einen Sachverhalt, ein Thema

betreten das Restaurant, setzen uns an einen freien Tisch. Die beiden telefonieren. Die Kellnerin bringt uns die Speisekarte. Die beiden telefonieren. Wir geben die Bestellung auf. Die beiden telefonieren. Das Essen kommt. Die beiden telefonieren.

Meine Eltern haben mir beigebracht, dass man mit dem Essen wartet, bis alle bereit sind, gemeinsam anzufangen. Alles andere wäre unhöflich. Ich warte. Die beiden telefonieren. Weiter warten? Nein. Ich fange an zu essen. Schlechte Kinderstube, aber ich habe Hunger. Ich bin fertig. Die beiden telefonieren. Ihr Essen wird kalt. Die Telefonate sind beendet. Sie stellen fest, dass ihr Essen kalt ist. Lassen einen Großteil unangerührt stehen. Bestellen einen Kaffee. Wollen jetzt von mir kurz die Situation erklärt bekommen. Wir haben noch genau fünf Minuten, bevor wir zum Werk zurückmüssen. Ich gebe mein Bestes. Ein Schnell-Kurz-Briefing. Ohne Rückfragen. Ob es etwas genützt hat, werde ich nie erfahren. Der Kundentermin findet ohne mich statt. Ein Feedback meiner Chefs erhalte ich nicht. Wahrscheinlich telefonieren beide gerade wieder.

September 2002
Vor über elf Jahren haben wir die Uni verlassen. An einem wunderschönen Herbstwochenende treffen wir uns mit acht ehemaligen Kommilitonen im Elsass. Einige sehe ich nach dieser Zeit zum ersten Mal wieder. Haben wir uns verändert? Nun ja, die Kleidung ist etwas weniger „studentisch". Und die Autos sind größer geworden. Aber unsere „Typen" sind doch sehr ähnlich geblieben. Die extrovertierten sind nach wie vor extrovertiert. Und die eher stillen von damals sind es heute immer noch.

Das Programm, das ein Alumni[23] vorbereitet hat, gibt uns neben einigen Besichtigungen ausreichend Zeit für Gesprä-

---

[23] Alumni: Absolvent / Ehemaliger einer Hochschule

che und Diskussionen. Natürlich sind wir alle sehr daran interessiert, viel über die beruflichen und privaten Wege der anderen zu erfahren. Und es ist schon faszinierend, wie unterschiedlich die Wege verlaufen. Hier eine klare Konzernkarriere, dort ein freiberufliches Schaffen. Hier ein unabhängiger Single, dort bereits die fünfköpfige Familie. Eines haben die Lebensläufe gemein. Wir alle gehen einen ziemlich geraden, überzeugten Weg. Mit unterschiedlichen Schwerpunkten, aber zielgerichtet. Das finde ich ein sehr schönes Zwischenfazit für jeden Einzelnen von uns.

Wie so oft auch hier am Ende der gemeinsamen Tage der Wunsch, dass wir das Ganze doch nicht erst in zehn Jahren wiederholen sollten. Weil es doch so schön war. Stimmt!

Dezember 2002

Bei unserem Zuliefererprojekt neigt sich die Erstellung des Templates dem Ende zu. Im Januar sollen die Abläufe und Einstellungen getestet werden. Nun stellt sich die Frage: Wie machen wir das? Wie stellen wir strukturiert Testszenarien zusammen, die den zukünftigen Geschäftsprozessen entsprechen? Und das Ganze mit einem möglichst überschaubaren Aufwand?

Mir kommt die Idee, kleinere Funktionseinheiten Stück für Stück modular und vor allem flexibel zu komplexen Wertschöpfungsketten zu verbinden. Teile aus diesen Ketten dann auch in weiteren Testszenarien wiederverwenden zu können. Ein Werkstudent[24], der am Schreibtisch neben mir sitzt, ist sofort Feuer und Flamme. Er kann hervorragend mit Microsoft Access umgehen, beherrscht dabei auch die Technik der Makro-Programmierung. Wir bauen ein Beispiel auf. Starten mit dem Wareneingang. Dieser kann

---

[24] Student, der (regelmäßig) neben seinem Studium oder in den Semesterferien bei einem (oft wiederholt bei dem gleichen) Unternehmen arbeitet

zum Beispiel mit oder ohne Qualitätsprüfung stattfinden. Dann gibt es Wareneingänge, die direkt in den Verbrauch, oder erst in den Bestand gebucht werden. Bei Letzteren kann wiederum zwischen einem allgemein verfügbaren Bestand, oder einem (Kunden-)auftragsspezifischem Bestand unterschieden werden.

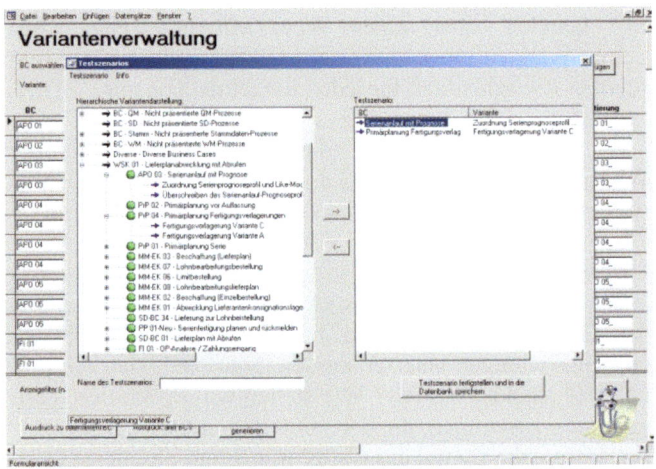

Der Testverantwortliche hat die Möglichkeit, sich aus vielen Puzzlesteinchen eine individuelle Prozesskette zusammenzustellen. Diese wird unter einem frei zu definierenden Namen abgespeichert. Auf Knopfdruck generieren nun die Makro-Programmierungen aus den Daten ein Word-Dokument, das die Mitarbeiter für ihre Testdurchführung einsetzen können. It looks like magic!

Wiederverwendbarkeit

Einige Seiten zuvor habe ich über unser internes Projekt eines Marktplatzes für Dienstleistungen geschrieben. Dort die Chancen einer Wieder- oder Mehrfachverwendbarkeit einer Lösung hervorgehoben. Das gerade zuvor beschriebene Access-Tool zur Strukturierung und Vereinfachung der Tests wäre auch so ein „Reusable". Zwar nicht als „Verkaufsschlager" auf unserem Marktplatz, aber als Mehrwert für unsere Projekte. Ich rege daher an, das Wissen der programmierten Logik auf zusätzliche Köpfe zu verteilen. Das Tool in allen zukünftigen Projekten als Standard einzusetzen.

Grundsätzlich finden die Führungskräfte die Idee nicht schlecht. Aber auch nicht wirklich notwendig. Warum jetzt Zeit und Kapazität investieren. Der Werkstudent wird uns doch noch einige Zeit erhalten bleiben. Und so kompliziert ist ja letztendlich Access auch nicht. Fast wie Excel. Kann doch eigentlich jeder Berater. Zumindest sollte er es können. Oder?

Und wie endet diese Geschichte? Wir werden das Tool noch genau einmal nutzen. Dann wird uns der Werkstudent verlassen. Wir werden ganz überrascht feststellen, dass Access-Programmierung doch nicht ganz so einfach ist. Und das Tool wird nur noch als Datenschrott auf einigen Festplatten fortbestehen. Statt einer wiederverwendbaren, effizienten und flexiblen Lösung werden wir in jedem nachfolgenden Projekt das Testmanagement immer wieder neu erfinden. Eine erschreckende und völlig überflüssige Verschwendung von Ressourcen.

14. Januar 2003

Mit der Fertigstellung des Templates bei unserem Automobilzulieferer werden zwei Folgeprojekte gestartet. Ein deutsches Produktionswerk und die europäische Auftragsabwicklung sollen die neue Software im Laufe des Jahres einführen. Die Projektleitung für den Teil der Auftragsabwicklung wird eine Kollegin von mir übernehmen. Das Projekt im Produktionswerk soll ich verantwortlich leiten.

In einer solchen Größenordnung ist das für mich Neuland. Bisher war ich meistens allein bei meinen Kunden unterwegs. Oder hatte ein bis zwei Kollegen dabei. Nun überträgt man mir die Führung für ein Team von circa zehn Beratern. Auf der Kundenseite haben wir sicherlich die doppelte Anzahl an Projektmitarbeitern. Ich habe einigen Respekt vor dieser Aufgabe.

Mein Pendant auf der Kundenseite hat den heutigen Start des Projektes sehr gut vorbereitet. Er ist methodisch versiert, und aus vergangenen Projekten geübt im Umgang mit den gebräuchlichen Projektmanagement-Tools. Ich bin es nicht. Ich habe keine Ahnung, wie genau ein Projektplan in Microsoft-Project strukturiert wird. Wie viele Details ich tatsächlich an einen einzelnen Vorgang im Plan hängen soll. Wie ich eine Meilensteintrendanalyse aufbaue. Wie häufig ich auf welcher Ebene den Fortschrittsgrad in den Teams abfragen soll. Fragen über Fragen.

Mir fehlen die Grundlagen. Mir fehlt die Übung. Und vor allem: Mir fehlt der Spaß, der Antrieb, mich mit diesen Aufgaben zu beschäftigen. Daher vertraue ich erst einmal darauf, dass der Kundenprojektleiter alle diese Themen übernehmen wird. Und eigne mir nur minimale Kenntnisse an. Übe nicht den Umgang mit den Tools. Lese kein Buch über Projektmanagement. Für mich bleibt sicherlich noch genug anderes zu tun. Der Gedanke ist nicht falsch. Aber die Erwartungshaltung an mich ist eine andere.

28. Januar 2003
Wie verschafft man sich schnell ein Bild über die Gegebenheiten in einem unbekannten Unternehmen? Gegenfrage: Warum sollte man das überhaupt tun? Antwort: Um zum Beispiel für einen Interessenten ein fundiertes Angebot

über den Rollout eines Prozess- und Applikationstemplates erstellen zu können. Konkret erwartet unser Zulieferer, dass wir ihm für sein Produktionswerk eine schnelle Analyse liefern. Er möchte in kurzer Zeit ein Gefühl dafür bekommen, wie gut das Template auf seine spezifischen Werksanforderungen passt. Welche wesentlichen Softwareerweiterungen und organisatorischen Veränderungen er zu erwarten hat. Was das Ganze ungefähr kosten wird. OK. Dann machen wir das. Aber wie?

Ein internationales Konzern-internes Rollout-Projekt wird mir als „Fundus" für eine ideale und vor allem vielfach erprobte Vorgehensweise empfohlen. Ich spreche mit einem beteiligten Kollegen, bekomme stapelweise Excel- und Word-Dateien mit Fragebögen und Checklisten zugesendet. Genau so soll ich die Analyse machen – schließlich haben wir das in dem angesprochenen Projekt bereits über zwanzig Mal so gemacht. Und es hat immer funktioniert. Dementsprechend positiv verkauft auch unser Gesamtprojektleiter die vorhandene Methode an unseren Kunden, und schlägt einen ersten Termin im zu analysierenden Werk in genau einer Woche vor.

Ich sehe mir in Ruhe die Unterlagen durch. Stelle fest, dass für wesentliche Unternehmensfunktionen keine Fragen vorhanden sind. Die mir vorliegenden Dokumente decken schwerpunktmäßig den Finanz- und Controlling-Bereich ab. Ich rufe den Kollegen an, bitte ihn, mir die fehlenden Unterlagen auch noch zuzusenden. Er fragt verblüfft, was ich damit meinen würde. Na ja. Zum Beispiel die Disposition und Materialbedarfsplanung, die Produktionsplanung, die Fertigung und die innerbetriebliche Logistik. Das Qualitätswesen und die Instandhaltung. Eben das, was ein produzierendes Unternehmen so alles braucht! Seine Antwort ist ernüchternd: In den von ihm betreuten Rollouts geht es in erster Linie um die Finanzumgebung. Produktion ist in der Regel nicht vorgesehen. Also gibt es auch keine Fragebögen. Und somit keine nutzbaren Vorlagen für meinen Kundenworkshop, der noch drei Werktage entfernt ist.

Wie so häufig in unserem Job heißt es da einmal mehr, kreativ und spontan zu sein. Zu improvisieren. Zunächst benötigen wir einen Marketing-fähigen Titel. Die Analyse soll schnell durchführbar sein. Einen ersten Eindruck liefern. Die Bezeichnung sollte das reflektieren. Unser Arbeitstitel wird „Quick-Scan" lauten! Wir werden uns am Materialfluss orientieren. Und damit einen Überblick der Mengen-, Werte- und Informationsflüsse erhalten.

Wie funktioniert ein solcher Quick-Scan im Detail? Welche Vorbereitungen sind erforderlich, wie viel Zeit sollte man veranschlagen, welche Besonderheiten müssen beachtet werden?

- **Schritt 1:**
  In das Werks-/Hallenlayout zeichnen wir den Material- und den zugehörigen Informationsfluss ein. Für den Durchlauf eines „Standardauftrags". Gibt es mehrere, ähnlich wichtige, aber unterschiedliche Auftragsdurchläufe (zum Beispiel für unterschiedliche Produktfamilien), werden diese separat eingezeichnet, und auch separat betrachtet.

- **Schritt 2:**
  In den Fluss werden jetzt die Informationspunkte eingetragen: Wo werden neue Informationen erzeugt, oder bereits vorhandene ergänzt oder geändert? Klassische Beispiele in der Produktion sind dabei die Meldepunkte, an denen die Werker neue Arbeitsschritte an den Maschinen anmelden, oder abgeschlossene Fertigungsaufträge als erledigt zurückmelden.

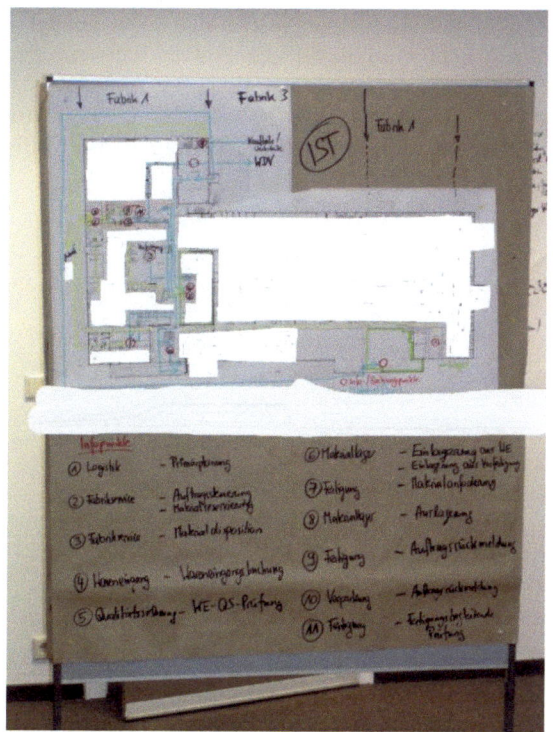

- **Schritt 3:**

  Im Anschluss wird jeder Informationspunkt vom (idealerweise) gesamten Projektteam besucht, und mit einem vorgegebenen, standardisierten Fragenkatalog analysiert. Die Dokumentation der Ergebnisse erfolgt offen am Flipchart. So bekommen alle Beteiligten die aufgenommenen Informationen transparent und direkt zu Gesicht.

  Ausnahmen werden notiert, aber zu diesem Zeitpunkt nicht weiter detailliert. Wir benötigen jetzt kein vollumfängliches Detailwissen über einhundert Prozent der gefertigten Artikel mit allen Sonderfällen und Ausnahmen. Uns genügt es heute, ein Gefühl für die Abwicklung des Hauptvolumens zu erhalten. Wenn wir zwischen siebzig und fünfundachtzig Prozent des Mengenstroms grob verstehen, ist das für diese Phase völlig ausreichend.

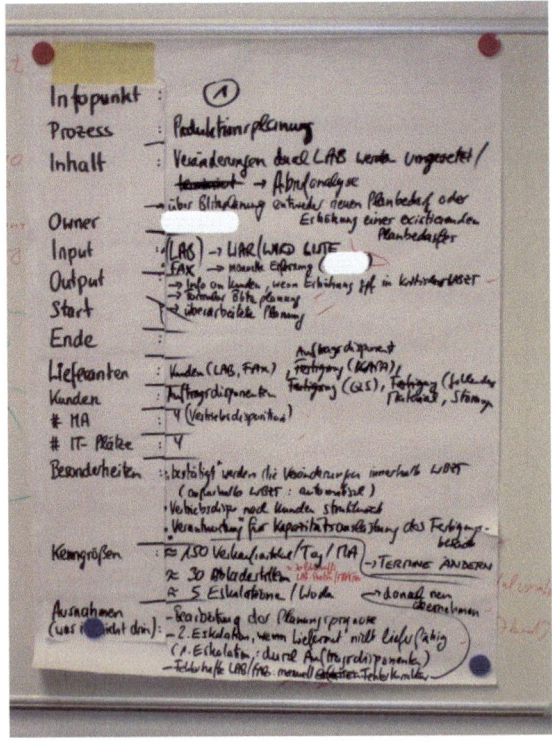

Pro Infopunkt reichen in der Regel fünfzehn bis dreißig Minuten für das Interview. Bei zehn bis fünfzehn Infopunkten benötigen wir somit für Schritt 3 üblicherweise einen halben bis ganzen Arbeitstag.

Quickscan - Was sind die Vorteile?

Neben der eigentlichen Informationssammlung an den einzelnen Infopunkten haben sich für mich drei wesentliche Vorteile dieser Vorgehensweise herauskristallisiert.

A: Es wird die komplette Prozesskette durchlaufen

Am letzten Infopunkt haben alle Beteiligten innerhalb weniger Stunden einmal die komplette Prozesskette eines repräsentativen Produktes kennengelernt. Typischer Einwand an dieser Stelle von der Kundenseite: Aber meine Angestellten kennen doch den Gesamtablauf – schließlich arbeiten die meisten bereits seit vielen Jahren hier. Nein. Kennen sie eben nicht. Einige der Mitarbeiter mögen vielleicht ein paar Details des vorhergehenden oder nachfolgenden Schrittes gesehen oder gehört haben. Aber den gesamten Durchlauf eines Artikels kann nach meiner Erfahrung nahezu kein Kundenmitarbeiter erläutern. So ist bereits diese Form der Datenerhebung ein riesiger Zugewinn an Information für alle Teilnehmer. Zusammenhänge werden transparenter. Ursachen für Handlungsweisen verständlicher. Probleme bewusster.

B: Gleiche Fragen und Strukturen an jeder Station

Durch die einheitlichen, offenen Interviews sind die gewonnenen Informationen einfach zu vergleichen, und für nachfolgende Diskussionen und Präsentationen mit einem Wiedererkennungswert behaftet. Auch wenn ein Mitarbeiter nur einige der Interview-Stationen durchlaufen hat, kann er sich dennoch anhand der gleich strukturierten Ergebnisse einen guten Gesamteindruck auch von den anderen, nicht besuchten Meldepunkten verschaffen.

C: Volle Transparenz

Viele Erhebungen erfolgen üblicherweise „hinter den Kulissen". Nicht offen. Sondern eher verdeckt. Die Auskunftgeber haben häufig keine Vorstellung davon, was mit ihren

Angaben im Anschluss passiert. Wie die Informationen erfasst und interpretiert werden. Das ist beim Quick-Scan anders. Das Schaubild mit dem Werkslayout, den Informations- und Materialflüssen: Öffentlich. Am besten an einem meistbesuchten Platz, zum Beispiel im Flur vor der Kantine. Die Antworten zu den gestellten Fragen: Direkte – für jeden Beteiligten sichtbare - Notation auf dem Flipchart. Auch sie werden nicht ins stille Kämmerlein gestellt, sondern ausgehängt. Alle Mitarbeiter, die nicht an der Befragung teilnehmen konnten, sollen sehen, was wann und wo gesagt wurde. Wie im Projekt gearbeitet wird. Ein wichtiger Baustein des OCMs!

29. Januar 2003

Unser Unternehmen veranstaltet seit einiger Zeit externe Seminare. In denen stellen wir unseren Kunden und Interessenten Neuigkeiten vor. Das Ganze natürlich gegen Bezahlung. Kleine Münzen. Aber immer mit der Idee, im Anschluss aus diesen Kontakten Aufträge zu generieren. Neues Geschäft. Große Münzen.

Unsere Fachteams sind angehalten, ihre Leistungen ebenfalls über diese Seminare zu vermarkten. So bin ich die beiden folgenden Tage in Nürnberg, und werde circa zehn externen Teilnehmern unser Verständnis und unser Lösungsangebot im Bereich Prozessmanagement näherbringen. Ein Vertriebskollege, der für die Organisation verantwortlich ist, trifft sich mit mir am Vorabend in einer Kneipe, um die Tagesabläufe abzustimmen. Wir diskutieren viel und intensiv über die von uns angestrebte Ausrichtung unserer Projekte entlang ganzheitlicher, durchgängiger Geschäftsprozesse. Obwohl er zur „jungen" Generation gehört, fällt es ihm spürbar schwer, den Mehrwert unseres Ansatzes zu verstehen. Er ist der Überzeugung, dass unsere Kunden von uns nach wie vor die Kompetenz bei der Installation der

SAP-Software erwarten. Und nicht die Fähigkeit, ihr Geschäft in Form von Prozessen oder Wertschöpfungsketten zu verstehen und zu diskutieren. Wenn der eigene Vertriebskollege schon Zweifel an unserem Ansatz hat – was sollen dann erst unsere Kunden und Interessenten morgen und übermorgen denken?

Die Teilnehmer hören sich meine Ausführungen in den folgenden zwei Tagen interessiert an. Nehmen auch engagiert an den Gruppenarbeiten teil. Widerlegen sie durch ihr Verhalten die Einschätzung meines Kollegen? Leider nur teilweise. Zwar signalisieren sie Interesse am prozessualen Ansatz. Mein Gefühl ist jedoch, dass sie uns *diese* Form der Beratung nicht abnehmen. Dafür gibt es andere, etabliertere Anbieter im Markt. Wir gehören (noch) nicht dazu.

Meine Sicht: Bis jetzt gehören wir nicht dazu. Richtig. Aber nun bieten wir diese Dienstleistung an. Es ist eine Frage der Zeit, bis unsere Kunden auch uns als Prozessberater akzeptieren werden. Was mir aktuell mehr Sorgen macht: Wir haben im ersten Quartal drei solcher Seminare in Deutschland platziert. Gerne hätte ich mir die Aufgabe mit Kollegen aus meinem Fachteam geteilt. Mindestens hätte ich erwartet, dass wir zu zweit diese Tage gestalten. Aber alle winken ab. Sie sehen sich noch nicht weit genug in ihren Fähigkeiten. Ich bin mir nicht sicher. Sind es die fehlenden Fähigkeiten? Oder ist es eventuell eine inzwischen bereits fehlende Überzeugung?

18. Februar 2003
Irgendwie scheint es sich bis zu meinem Chef durchgesprochen zu haben. Das ich nicht so viel Übung im Projektmanagement habe. Er vermittelt mir eine „Schulung" bei einem erfahrenen Projektleiter-Kollegen. Angesetzt ist erst einmal ein ganzer Tag.

Gegen neun Uhr bin ich wie verabredet am Standort in Ostwestfalen. Mein Kollege ist noch nicht da. Eine halbe Stunde später erscheint er. Ach ja. Schulung. Heute? Ganz vergessen. Ich soll mir erst mal einen Kaffee nehmen, in der Zwischenzeit wird er einige Unterlagen heraussuchen. Ich sitze an seinem Schreibtisch, überlege, wie ich die Wartezeit sinnvoll nutzen kann. Er telefoniert viel. Noch hier schnell ein Anruf, der ist wichtig. Und bei dem Kunden muss er sich auch noch eben kurz melden. Mein Thema hat bei ihm offensichtlich niedrige Priorität. Wir gehen zusammen zum Mittagessen in die Kantine. Der halbe Tag ist herum. Ich habe noch nichts gelernt.

Er erzählt mir jetzt von seinen supergut gemanagten Projekten. Warum die nun so supergut laufen, kann ich aus seinen Erzählungen nicht heraushören. Ich höre ziemlich viel „ich" und „ich" und „ich". Kaum etwas von einer konsequent angewendeten, strukturierten Methodik. Na ja. Kommt vielleicht noch am Nachmittag. Um fünfzehn Uhr hat er dann endlich Zeit für mich. Eine Stunde. Er öffnet einige Excel-Dateien auf seinem Rechner, zeigt hierhin und dorthin. Ich verstehe null. Warum? Weil wir nicht mit den Grundlagen anfangen. Schritt für Schritt auf dem vorherigen aufbauen. Sondern einfach wahllos in Dateien und Tabellen „herumzappen".

So fühle ich mich, als ich am Abend das Büro verlasse, keineswegs schlauer. Auf dem Rechner habe ich mehr als zwanzig Dateien. Die soll ich mir mal in Ruhe ansehen. Dann würde ich sicherlich auch in meinem Projekt gut zurechtkommen. Bei Rückfragen könnte ich jederzeit anrufen. Die ersten beiden Dateien sehe ich mir am Folgetag an. Sie sind leider überhaupt nicht selbsterklärend. Die weiteren Dateien öffne ich gar nicht erst mehr.

Einige Tage später laufe ich freitags im Büro meinem Chef über den Weg. Er fragt mich, ob mir die Schulung etwas gebracht hätte. Ich bejahe. Was soll ich auch sonst sagen. Ich habe ja etwas gelernt. Unter anderem, dass mein Kollege auch nur mit Wasser kocht. Mein Chef fragt nicht weiter nach. Ist offenbar zufrieden. Ich bin es nicht.

19. Februar 2003

Ein ehemaliger Konzern-Mitarbeiter ist inzwischen IT-Leiter in einem mittelständischen Versorgungsunternehmen. Er pflegt nach wie vor gute Kontakte in unsere Organisation, und hat meine Vertriebskollegin und mich eingeladen, auf einen Kaffee bei ihm vorbeizukommen. Es geht natürlich nicht ausschließlich um den Kaffee, sondern auch um die Optimierung der Auftragsabwicklung in seinem Unternehmen. Wieder ein typischer Fall für das Team Prozessmanagement.

Der Kunde hat seinen Firmensitz in meiner Heimatstadt. Ein Heimspiel. Zehn Minuten Fahrt. Ein Parkhaus direkt nebenan. Was kann es Schöneres für einen Berater geben? Die Atmosphäre unseres Gespräches ist von der ersten Minute an ungezwungen und kreativ. Etwas schräge Poster leuchten mir von den Bürowänden entgegen. Helnwein – eher verstörend. Disney – eher kindlich. Aber genau so vielschichtig ist der Mensch, den ich hier gerade kennenlerne. Ich mag Menschen mit Profil. Mit Ecken und Kanten. Mit etwas Spleen. Hier finde ich gerade wieder einen. Wir werden prima miteinander arbeiten.

13. März 2003

Der Helnwein-Disney-IT-Leiter entscheidet sich für unseren Projektvorschlag. Heute findet der Workshop zur Prozessoptimierung der Auftragsabwicklung statt. Der Kunde hat sich für zwei Tage in einem Hotel in der Nähe seines Stammsitzes einquartiert. Ich werde nur an Tag eins mit dem Team arbeiten – den zweiten Tag will man dann ohne mich intern mit der erlernten Methodik des ersten Tages weiterarbeiten.

> **„Hilf mir, es selbst zu tun"**
> Zuerst empfinde ich dieses „am zweiten Tag brauchen wir dich nicht mehr" als eine Zurückweisung. Und auch als vielleicht übertriebenen Sparsinn. Nur nicht zu viel Geld ausgeben. Wir hören dem Berater mal einen Tag zu, und dann können wir es selbst. In der weiteren Zusammenarbeit werde ich feststellen, dass sich hinter der gewählten Vorgehensweise eine Überzeugung verbirgt: „Hilf mir, es selbst zu tun. Zeige mir, wie es geht. Ich kann und will es selbst tun." DER Grundgedanke der Montessori[25]-Pädagogik.

Gegen neun Uhr starten wir in einem Tagungsraum, den die Kundenmitarbeiter bereits vorbereitet haben: An den Wänden hängen in langen Ketten – fein säuberlich auf DIN A4 ausgedruckt - die Prozessschritte der heutigen Auftragsabwicklung. Nach einer kurzen Vorstellungsrunde aller Teilnehmer blicken fünfzehn Kunden-Augenpaare gespannt auf mich. Und jetzt? Tja, ähhhm .... Wie macht man denn eigentlich so eine Prozessanalyse?

In der Vergangenheit habe ich die Aufnahme der Ist-Situation meistens in Form einer Befragung durchgeführt, dabei erste Ansätze für Optimierungen identifizieren können. Na, dann machen wir das jetzt hier eben genauso: Ich stelle mich an die vollgeklebte Wand, lese den ersten Prozessschritt vor, und lasse die Mitarbeiter zu Wort kommen. Alle haben etwas zu sagen. Eigentlich viel zu viel ... Ich weiß gar nicht, wie ich mir das alles merken soll. Der Stresspegel steigt. Etwas unbeholfen notiere ich auf den Ausdrucken an der Wand die Kommentare, Hinweise, und erste Verbesserungsideen. Und jetzt zum zweiten Prozess-

---

[25] Maria Montessori (1870 – 1952): Ärztin und Reformpädagogin; entwickelte die Montessoripädagogik.

schritt. Und dann zum Dritten. Wie viele haben wir denn noch? Zweiundzwanzig. Oh Gott! Wann gibt es Mittagessen? Noch eine Stunde. Na gut, dann quälen wir uns eben durch die verbleibenden neunzehn, allerdings ab jetzt hoffentlich etwas zügiger.

Die Mittagspause ist da. Ich bin nicht zufrieden. Der Kunde auch nicht so ganz. Der auftraggebende IT-Leiter kommt auf mich zu, meint, dass wir nach dem Essen „etwas mehr Fahrt" aufnehmen sollten. Gute Idee! Aber wie? Mir fehlt ein schlüssiges Konzept ... Doch offensichtlich ist irgendeine Hilfssubstanz im Salat: Plötzlich ist mir der methodische Ansatz völlig klar: Statt individueller, kleinteiliger Durchsprache der Einzelschritte werden wir den Gesamtprozess sinnvoll in etwas größere Häppchen gruppieren. Und für jedes dieser Häppchen eine Bewertung nach mehreren Kriterien durchführen. Klingt doch super, oder?

Während sich die Teilnehmer nach dem Essen noch einen Kaffee greifen. schlage ich diese Vorgehensweise für den Nachmittag vor. Der Kunde findet es gut! Und fragt, welches denn die Bewertungskriterien seien. Tja ... wie wäre es denn mit ... Prozesstreue und -sicherheit? Gebongt. Was ist mit Durchlaufzeit? Auch wichtig. Wollen wir die Anzahl von Schleifen / Rückfragen / Wiederholungen bewerten? Super Idee. Sind Kosten und Mitteleinsatz interessant? Unbedingt. Gibt es noch weitere? Ja. So ergänzen wir die Matrix, kommen für die Auftragsabwicklung auf zehn Teilprozess-Spalten und sieben Kriterien-Zeilen. Müssen somit siebzig Bewertungen durchführen. Das schaffen wir!

So entsteht zwischen Salatbüffet und Espresso die Methodik für den Workshop. Spät. Aber immerhin. Der Vormittag war Vorgeplänkel. Jetzt geht es richtig los. Mit dieser Vorgehensweise und dem Mittagskoma begeben wir uns an die Analyse des ersten Teilprozesses. Doch bevor wir für diesen eine Bewertung der einzelnen Kriterien vornehmen, bitte ich die Teilnehmer um eine kurze Einschätzung des Gesamtprozesses. Wir nutzen dafür eine simple Ampelfunktion:

- **Grün:**
  Wir sind zufrieden, es könnte kaum besser sein - weiter so!

- **Gelb:**
  OK, es gibt ein paar Schwierigkeiten, aber eigentlich kommen wir ganz gut zurecht.

- **Rot:**
  Nichts geht mehr. Mayday, Mayday!

Die fünfzehn Teilnehmer auf der Kundenseite entscheiden sich nach kurzer Überlegung

- 10 mal für Grün

- 4 mal für Gelb

- 1 mal für Rot

Ich kann nicht umhin, diese sehr Grün-lastige Bewertung etwas ketzerisch zu kommentieren. Stelle fest, dass wir uns doch bei einem *sooo* toll funktionierenden Gesamtprozess gar nicht die Mühe dieses Workshops machen müssten. Wir sollten jetzt doch eigentlich noch ein paar Kekse essen, dann alle nach Hause gehen, und so weitermachen wie bisher. Erstauntes, etwas ungläubiges, etwas verhaltenes Nicken in der Runde.

Aber so schnell wollen wir ja nicht die Vergangenheit und Gegenwart verklären. Also beginnen wir jetzt mit der Bewertung des ersten Teilprozesses anhand der gewählten Kriterien. Der Prozess beginnt mit dem Teilabschnitt der Auftragsanlage. Hier werden von den Mitarbeitern schon einmal gar keine grünen Karten verteilt – überwiegend sind wir „gelb". Aber auch einige rote sind dabei. Und so hangeln wir uns jetzt Stufe für Stufe durch den Gesamtprozess. Erhalten ein sehr farbenfrohes Bild (nicht das nachfolgend gezeigte – das stammt aus einer anderen Analyse). Erkennen sowohl die Teilprozesse (Spalten) als auch die Kriterien (Zeilen) mit dem größten Handlungsbedarf. Für alle Teilnehmer ein echtes „aha"-Erlebnis, an dem sie morgen einige Stunden weiter diskutieren können, und geeignete Verbesserungsmaßnahmen vereinbaren werden.

Ein kleiner Nachtrag zu diesem Workshop: Der Kunde möchte einige Wochen später eine vergleichbare Analyse auch in seiner polnischen Gesellschaft durchführen. Gerne würde ich das übernehmen – allerdings ist die polnische Sprache Voraussetzung. Das kann ich leider nicht bieten, verweise daher an unser Büro in Warschau. Wenige Tage später bekomme ich einen Anruf eines dortigen Kollegen: Er soll diesen Workshop durchführen, und zwar gemäß Kundenwunsch mit der „von Abinsdorff"-Methode. Ob ich ihm weiterhelfen könne? Kann ich.

18. März 2003

Auf der CEBIT, der (zu diesem Zeitpunkt[26]) weltgrößten Computermesse, sind wir mit einem Stand vertreten. Auch das Leistungsspektrum der Prozessberatung wollen wir hier unseren Kunden und Interessenten näherbringen. So haben wir nicht nur eine Präsentation an einem der Info-Tische aufgebaut, sondern ergänzend einen Vortragsslot im Auditorium gebucht. Dort werde ich eine halbe Stunde über das Thema referieren. Das Forum ist gut besucht. Es gibt am Ende sogar einige Nachfragen aus dem Teilnehmerkreis. Zwei Zuhörer hätten gerne meine Visitenkarte. Das war´s dann aber auch. Ähnlich wie der Eindruck bei den externen Seminaren zu Beginn des Jahres: Man nimmt uns die Rolle des Prozessberaters (immer noch) nicht ab.

19. Mai 2003

Fortbildung wird bei meinem neuen Arbeitgeber (noch) großgeschrieben. Befragungen haben ergeben, dass wir zwar fachlich ganz gute Berater sind, es aber häufig Defizite bei den „Soft Skills" gibt. Diesen Zustand möchte man verbessern, hat daher eine modulare Trainingsserie mit unterschiedlichen Zielrichtungen aufgesetzt.

Heute und morgen werde ich mit einigen Kollegen das „Professionelle Moderieren" lernen und üben. Wir sind in einem typischen Tagungshotel einquartiert. Nach einer kurzen Vorstellungsrunde (ich kenne nur ungefähr ein Drittel der Teilnehmer) geht es direkt mit der ersten praktischen Übung los: In Fünfergruppen bearbeiten wir ein zu diskutierendes Thema. Zwei sind Pro, zwei Contra, und der Moderator darf es dann richten. Mir machen solche Situationen

---

[26] Cebit („Centrum für Büroautomation, Informationstechnologie und Telekommunikation"): Eine der weltweit größten Messen für Informationstechnik. Zwischen 1986 und 2018 fand sie jährlich in Hannover statt.

grundsätzlich Spaß, ich melde mich daher direkt freiwillig für die erste Moderatorenrolle.

Die Diskussion beginnt. Die Pros und die Contras haben sich gut vorbereitet, mir gefallen beide Argumentationen. Meine persönliche Neigung ist jedoch eher Contra. Und das bringe ich auch deutlich zum Ausdruck. Schließlich wollen wir doch ein Ergebnis erzielen. Erzielen wir dann auch letztendlich. Zugunsten von Contra. Super! Wir haben gewonnen! Habe ich doch klasse gemacht. Oder?

Die Trainerin sieht das ganz anders. Sie gibt mir ein recht niederschmetterndes Feedback: Als Moderator habe ich gerade komplett versagt. Denn die Rolle erlaubt keinerlei persönliche Positionierung. Genau das habe ich aber über eine Viertelstunde getan. Mich auf eine Seite der beiden Parteien geschlagen. Ihre Argumentationslinie unterstützt. Anstatt die Bälle „nur" in der Luft zu halten. Neutral zu bleiben. Klingt einfach. Ist es aber nicht. Und wird es auch für mich nie sein. Denn ich nehme gerne eine Position ein. Dennoch ein tolles Seminar mit einer großartigen Trainerin, von der ich in Folgeseminaren noch viel lernen werde.

23. Juli 2003
In einem der aktuellen Projekte könnte sich die Zusammenarbeit zwischen dem Kunden und uns etwas harmonischer gestalten. Oder, um es unpolitisch zu formulieren: Es läuft gerade grottenschlecht! Unser Projektleiter hat daher die Idee, einen internen Workshop mit einem professionellen Trainer durchzuführen. Die angewandte Methode zur Identifikation von Spannungsfeldern: Systemische Aufstellungen[27].

---

[27] Systemische Aufstellungen bezeichnen ein Verfahren, bei dem Personen (alternativ Figuren) als Stellvertreter für Mitglieder einer Gruppe (z.B. Familie, Team, Abteilung) gewählt und dann (physisch) zueinander in Beziehung gestellt werden.

Wir werden Kollegen stellvertretend für handelnde Personen in einem großen Seminarraum zueinander aufstellen und ausrichten. Die aufgestellten Menschen kennen die Projektsituation und die von ihnen repräsentierten realen Personen nicht. Wir schieben unsere „Statisten" wie Schachfiguren über ein imaginäres Feld. Der Statist unseres Projektleiters steht vor dem Statisten des Kundenprojektleiters. Unser Statist wird befragt, wie er sich gerade an und in dieser Position fühlt. Sein Feedback: Schlecht. Bedrückt. Eingeschüchtert. Eng. Unsicher. Mies.

Ich bin erschrocken: Genau diese Empfindungen teilt seit vielen Wochen unser „realer" Projektleiter in Bezug auf die Situation mit seinem „realen" Kundenpendant. Niemand hat vor dem Seminar seine Gefühle unserem Statisten mitgeteilt. Allein durch die stumme, physische Konfrontation auf dem Parkett wurden in unserem Statisten diese Gefühlseindrücke in Gang gesetzt. Die systemischen Aufstellungen sind mächtige Instrumente. Man benötigt hier unbedingt ein professionelles Coaching. Wie schnell können diese kritischen „Schachspiele" in den Händen von Hobby-Psychologen in die falsche Richtung entgleiten. Allerdings: Die aus den Aufstellungen gewonnenen Erkenntnisse sind nicht neu. Sie bestätigen nur noch einmal die Ist-Situation. Für die Bewältigung der zugrundeliegenden eigentlichen Probleme und Ursachen erhalten wir hier und heute leider keine weitere Hilfe.

11. August 2003

Unseren Sommerurlaub verbringen wir in Irland. Vor zwanzig Jahren war ich bereits einmal hier im Südwesten, und freue mich auf unser Quartier. Heute führt die Tochter der damaligen Betreiber das B&B[28] gemeinsam mit ihrem Mann. Am Abend treffen wir uns zu viert auf einen Drink auf der Terrasse. Wir sprechen auch über unsere Berufe.

---

[28] B&B: Bed and Breakfast, Pensionsähnliche Unterkunft

Der junge Mann arbeitet ungefähr eine Fahrstunde entfernt bei einem mittelständischen Unternehmen in Cork. Auf meine Frage, wie es ihm denn dort gefalle, antwortet er mit einem Schulterzucken „It pays the bills".

So. Er arbeitet also jeden Tag (mindestens) acht Stunden, und den einzigen Mehrwert, den er augenscheinlich aus seiner Arbeit zieht, ist das Bezahlen seiner Rechnungen. Strom. Wasser. Benzin. Kartoffeln. Mir wäre das zu wenig. Viel zu wenig. Natürlich macht mir nicht jeder Arbeitstag gleichviel Spaß. Natürlich komme ich nicht jeden Abend strahlend und bestens gelaunt nach Hause. Aber ich habe grundsätzlich Freude an dem, was ich mache. Diese Überzeugung eines „Wertes" seiner Arbeit vermisse ich bei dem jungen (gleichaltrigen) Mann nahezu vollständig. Schade. So wird man auf Dauer unzufrieden. Und unglücklich.

September 2003
Die Organisation wird umstrukturiert. Mal wieder. Man möchte sich zukünftig nicht mehr so stark regional, sondern eher landesweit aufstellen. Die Fürstentümer sollen aufgebrochen werden. Aus meiner Sicht keine schlechte Idee. Mein bisheriger Chef wird jetzt für Deutschland verantwortlich sein. In unserer Region bekommen wir in der Nachfolge einen neuen Leiter. Er kommt aus den eigenen Reihen, ich kenne ihn seit dem ersten Arbeitstag. Aus meiner Sicht keine schlechte Wahl. Er erscheint mir nicht so „ausgefuchst" wie mein bisheriger Vorgesetzter. In gewisser Weise vertrauenswürdiger. Um es vorweg zu nehmen: Wir werden nicht viel miteinander zu tun haben. Er ist kollegial und höflich im Umgang. Aber: Ihm fehlt Charisma. Mir fehlen Positionen bei ihm, an denen ich mich ausrichten, orientieren kann. In gewisser Weise sind wir unter seiner Führung „führungslos", da er keine Akzente nach vorne setzt. Zumindest erkenne ich sie nicht. Er verwaltet seine Abteilung. Wahrscheinlich typisch Konzern. Aber das Verwalten macht er ganz gut.

Herbst 2003

Beratung vierundzwanzig Stunden. Rund um die Uhr. Auch in der Freizeit. Man kann das nicht um neunzehn Uhr abschalten. Im Kindergarten wird beim Elternabend Geld eingesammelt. Es ist immer zu wenig davon da, jammern die Verantwortlichen. Ich gebe gerne, denn dies ist die beste Investition in die Zukunft – die Investition in die nachfolgenden Generationen. Ich schlage vor, das Geld als Spenden über einen existierenden Förderverein dem Kindergarten zuzuführen. Je nach Einkommen könnte so in diesem Einzugsgebiet zwanzig bis vierzig Prozent mehr gegeben werden, da die Differenz den Gebenden im kommenden Jahr über die Steuererstattung zurückfließen würde. Die Umsetzung der Idee bedeutet etwas Arbeit. Arbeit ist anstrengend. Daher greift niemand die Idee auf. Zwölf Monate später wird immer noch gejammert. Jammern ist einfacher. Und jammern ist offenbar besser als zwanzig Prozent (völlig legale) Mehreinnahmen zugunsten unserer Kinder. Alles Jammerlappen. Jammerschade.

11. Dezember 2003

In unserem Template-Projekt hat vor wenigen Tagen die Produktivsetzung stattgefunden. Über zweihundert Kundenmitarbeiter arbeiten seither mit der neuen Lösung. Alles läuft recht reibungslos. Nach den Anstrengungen der letzten Wochen haben wir uns eine kleine GoLive-Party verdient. Unser Management einigt sich mit dem Kunden, dass beide Seiten jeweils bis zu eintausend Euro für die Finanzierung geben werden. Das müsste doch eigentlich reichen. Oder?

In einem örtlichen Restaurant haben wir Räume für rund fünfzig Personen angemietet. Es gibt ein wirklich schönes Büffet. Bier und Wein wird gut zugesprochen. Irgendwann nach zweiundzwanzig Uhr stellt ein Pfiffikus fest, dass die Bedienungen auch Bestellungen für Hochprozentiges und Cocktails annehmen. Und ab da wird die Party richtig lustig! Zumindest für etwas über eine Stunde. Dann informiert der Wirt den Kundenprojektleiter, dass das verabredete Budget „alle" ist – und fragt, was er jetzt machen soll. Hahn zu? Oder gibt´s mehr Geld?

Fast panisch hetzt der Projektleiter durch die Räume, sucht sein Pendant auf unserer Seite. Findet ihn. Die beiden stimmen ab, dass nicht der Bierhahn zu-, sondern der Geldhahn aufgedreht wird. Notgedrungen. Ab sofort ist allerdings Schluss mit gesponserten Cocktails. Die Ansage stößt bei der Gin-Tonic-, Caipirinha- und Cuba-Libre-Fraktion auf großen Unmut! Bis gerade war es doch *sooo* schön! Alles Spielverderber da im Management!

Dezember 2003
Unser Projekt des Markplatzes für Dienstleistungen ist abgeschlossen. Wir haben als Projektteam die offizielle Übergabe in den Betrieb durchgeführt. Andere übernehmen die Fortführung. Sowohl technisch wie auch inhaltlich. Wir sind jetzt raus. Ein komisches Gefühl! Die Plattform steht, wir haben nahezu dreihundert Angebote abrufbar. Über dreißig Kunden konnten wir aus unseren persönlichen Kontakten als „Beta-Tester" gewinnen, und ihr Feedback zu ersten Optimierungen nutzen.

Nun werden Verantwortliche aus den Regionen dafür sorgen, dass kontinuierlich neue Lösungen aus unseren Projekten eingestellt werden. Dass vorhandene Angebote regelmäßig auf ihre Aktualität geprüft, und gegebenenfalls angepasst werden. Dass weitere Interessenten auf die Plattform geschaltet werden. Und dass wir endlich eine unserer Dienstleistungen über diesen Vertriebskanal verkaufen werden.

Denn das haben wir bis heute nicht geschafft. Eines der Angebote tatsächlich per Mausklick gegen Euros einzutauschen. Auf diesen Erfolg werden wir auch noch lange warten. Endlos lange. Unsere Kunden sehen die Plattform nicht als „ihren" Weg, Beratungsangebote und Lösungen bei uns zu beauftragen. Das Geschäft ist eben doch sehr individuell und personenbezogen.

Noch ungefähr zwei Jahre werden die Verantwortlichen in den Regionen versuchen, den Marktplatz aufrechtzuerhalten. Dann wird er geschlossen. Mangels Kundenresonanz. War somit unsere mehrjährige Projektarbeit nutzlos? Für die Katz'? Definitiv Nein! Persönlich konnte ich unglaublich viel lernen. Nicht nur in Bezug auf die eingesetzte Technologie und die Detailkonzepte. Ich habe *jedes* der über dreihundert eingestellten Angebote gelesen. Somit einen riesigen komprimierten Informationszuwachs über unser breites Lösungsspektrum erhalten. Und noch ein weiterer Aspekt: Durch die Einbindung der deutschlandweiten Strukturen habe ich viele Menschen in unserer Organisation kennengelernt. Ein großes Netzwerk knüpfen und ausbauen können. Davon werde ich in der Zukunft sehr profitieren. Das gilt aus meiner Sicht übrigens in gleicher Weise auch für die anderen Projektteammitglieder.

07. Januar 2004
Sehr unfreiwillig bin ich Teilnehmer des öffentlichen Nahverkehrs geworden: Im Herbst des vergangenen Jahres wurde ich während der Heimfahrt von einem Projekt auf der Autobahn geblitzt. Ich war nicht zu schnell. Ich war zu nah. Oder zu schnell für den von mir gewählten Abstand zum Vordermann / zur Vorderfrau. Zum vor mir fahrenden Auto. Vierzehn Meter Distanz bei gemessenen einhundertneunzig Stundenkilometern. Fünfundachtzig Meter wären mindestens erforderlich gewesen. Als der Blitz auslöst, lege ich knapp dreiundfünfzig Meter pro Sekunde zurück. Bei vierzehn Metern Abstand.

Anders als heute kann man 2003 noch den Zeitpunkt der Abgabe seines Führerscheins frei bestimmen. Ich muss einunddreißig (31!) Tage auf das Selbstfahren verzichten, und beginne die Abstinenz kurz vor Weihnachten. So lassen sich schon einmal die ersten beiden Wochen ganz gut überbrücken. Auch wenn meine Frau wenig begeistert davon ist, alle Einkaufs- und Familienfesttagsbesuchsfahrten ohne meine Unterstützung durchführen zu dürfen. Ich fahre aber als Beifahrer mit zum Einkaufen ...

Doch nach zwei Wochen Weihnachtsferien warten zwei Wochen führerscheinlose Arbeit auf mich. Eine Reise nach Süddeutschland lässt sich mit Taxi, Flugzeug, Taxi bewältigen. Aber zwei Fahrten ins Ruhrgebiet sind per Taxi schlichtweg zu teuer. Also Nahverkehr. Bus von zuhause zum Bahnhof. Regionalbahn ins Ruhrgebiet. Bus bis fast vor das Werkstor. Es ist kalt. Es ist nass. Die Menschen riechen. Nicht immer schlecht. Aber auch manches Rasierwasser oder Parfüm stimmt meinen Magen auf kurz vor Überschlag. Und es ist eng. Viel enger als im Auto. Alles nicht mein Ding.

Dennoch. Die Strafe war richtig. Ein winziger Fehler in der Situation dieses engen Auffahrens hätte viele Menschen in Gefahr bringen können. Mich und/oder andere in den Rollstuhl. Oder ins Grab. Ich bin im Nachhinein froh, fotografiert worden zu sein. Seit fast zwanzig Jahren versuche ich inzwischen – wenigstens einigermaßen – den Mindestabstand einzuhalten.

24. Januar 2004
Unser Team testet die Systeme in der Vorbereitung für den Produktivstart. Dafür ist jetzt auch Projektarbeit an zwei Samstagen vereinbart worden. Ich muss zwar nicht mittesten, halte es aber als Projektleiter für richtig, das Team (zumindest moralisch) vor Ort zu unterstützen. Damit das Ganze gleichzeitig auch einen pädagogischen Effekt hat, werde ich unseren Sohn mitnehmen. Soll er doch mal sehen, wie das mit dem Arbeiten so ist. Jetzt, wo er bald in die Grundschule kommt. Ich erzähle zuhause gerne von

meiner Arbeit[29]. Von den Produkten, die meine Kunden herstellen. Von den Herausforderungen, vor denen sie tagtäglich stehen. Nun kann und soll er sich selbst ein erstes Bild machen. Man kann nicht früh genug damit anfangen.

Mit meinem elektronischen Ausweis betreten wir durch ein Drehtor das Firmengelände. Gehen in den Projektraum, in dem bereits viele Kollegen und Kunden intensiv an den Testfällen arbeiten. Eine Kundenmitarbeiterin stürzt sich direkt auf unseren Sohn. Hallo, ich bin die Susanne. Hmm. Für mich war das bis gerade immer noch Frau M. Und wird es auch für den Rest des Projektes bleiben. Magst du was trinken – Milch oder Kakao? Mich hat sie das in acht Monaten Projektlaufzeit noch nie gefragt. Kind sein kann so schön sein!

Nach der Grundversorgung mit einem Kakao aus dem Automaten passiert das Unfassbare: Sie fragt unseren Sohn, ob er etwas spielen möchte. *Spielen!* Klar, natürlich will er das. Sie greift in den Schrank hinter sich. Nein, bitte alles. Nur das nicht! Susanne (für mich nach wie vor Frau M) greift also hinter sich, holt aus dem Schrank die Kiste mit den Autos und den Figuren hervor, zeigt unserem Sohn das große Brett mit dem Layout. Unser Junior ist im siebten Himmel: So geht also Arbeiten! Spielen mit Playmobil und Schuco. Wir lange können wir noch bleiben, Papa?

Einschub: Und noch einmal OCM (es ist sooo wichtig!)
Gemeinsam mit der Lehrwerkstatt des Kunden haben wir maßstabsgetreu einen Teil der Produktions- und Lagerhallen auf einem großen Brett skizziert. Ziel dieser Aktion: Die

---

[29] Natürlich immer unter Berücksichtigung der Wahrung sämtlicher Betriebs-/Firmengeheimnisse, Non Disclosure Agreements (NDA) und ähnlichem!

Mitarbeiter sollen Schritt für Schritt anhand der bekannten räumlichen Gegebenheiten mit den neuen, zukünftigen Abläufen vertraut gemacht werden.

Wie erfolgt demnächst der Warenfluss?
Wo werden Materialbuchungen durchgeführt?
Wo entstehen Halbfabrikate?
Wie und wo werden sie zwischengelagert?
usw, usw!

Zu dem Modell gehören Spielzeug-Gabelstapler, Spielzeug-LKWs und Playmobilfiguren. Nicht zum Spielen für das Projektteam, sondern AUSSCHLIESSLICH zu Schulungszwecken!!

Versprochen hatte ich unserem Sohn einen Besuch in der Produktion. Auch wenn diese heute am Samstag in weiten Teilen ruht, soll er zumindest einmal die Fertigungslinien und Maschinen sehen. Für den Aufenthalt in der Produktion gilt die Regel, einen Arbeitskittel zu tragen. Für seine Größe gibt es natürlich keinen passenden. Susanne (für mich nach wie vor Frau M) zieht ihm die kleinste Erwachsenengröße an, und schlägt die Ärmel mehrfach zurück. Väter sind aus ihrer Sicht wahrscheinlich mit solchen Kleidungsdingen generell überfordert. Die Montur passt dem Junior jetzt ganz gut – nur auf den Treppen muss ich auf ihn aufpassen, da der Kittel bis auf den Boden reicht. In der Fertigung sehen wir uns die hier hergestellten Beleuchtungen für Sonderfahrzeuge an. Orange rotierende Aufsätze für die Müllabfuhr, große Dachquerbalken mit Licht *und* Sound für die Polizei. Sein Tag ist gerettet! Arbeiten ist super!! Mission (fast) erfüllt!

Beim Verlassen des Geländes spricht, nein, BRÜLLT mich der Mitarbeiter des Werksschutzes an. Was mir eigentlich einfallen würde. Hier mit einem Kind auf das Gelände zu gehen. Ob ich nicht wüsste, dass das strengstens untersagt wäre. Nein. Weiß ich nicht. Und beim Hereingehen saß er auch nicht an seinem Platz. Vermutlich war er gerade auf der Toilette. Zum Glück. Sonst hätte unser Sohn nicht so einen coolen Einblick in die Arbeitswelt haben können. Playmobil. Kakao. Polizeisirenen.

6. März 2004
Das Einrichtungshaus, für das mein Vater über dreißig Jahre gearbeitet hat, muss Insolvenz anmelden. Zwar gibt es in diesem Handelsbereich (noch) nicht die aggressiven Preisangriffe aus dem Internet. Aber offenbar haben andere unternehmerische Entscheidungen der Vergangenheit die Weiterführung des Geschäftes unmöglich gemacht.

Heute findet der Insolvenzverkauf statt – die Ausstellungsware muss zu Geld gemacht werden. Meine Frau und ich gehen hin. Wir sehen langjährige Kunden auf der hektischen Suche nach den letzten Superschnäppchen. Mittendrin der Chef. Über viele Jahre war er der Gastgeber cooler Partys, toller Events. Angesehen in der Geschäftswelt unserer Stadt. Jetzt schiebt er die letzten Stühle, Sessel und Tische über die Rampe. Es hat etwas von Leichenfledderei an sich. Um ihn herum viele seiner Mitarbeiter, die ich seit Jahren, teilweise Jahrzehnten kenne. Ab morgen ohne Arbeitsplatz. Ich bin froh, dass wir meinen Vater nicht mitgenommen haben.

Und eine weitere Besonderheit dieses Tages: Lange Jahre hatte ich die Idee im Hinterkopf, nach einer gewissen Zeit in der Beratung vielleicht in dieses Einrichtungshaus einzusteigen. Als Geschäftsführer. Als Inhaber. Oder Mitinhaber. Es sozusagen mit dem persönlichen Einsatz und den kreativen Ideen, die ich täglich bei meinem Vater sehen konnte, weiterzuführen. Jeden Tag inmitten der besonderen Designs und der hochwertigen Qualitätsprodukte arbeiten zu können. Zwar hatte ich mich in den letzten Jahren weiter und weiter von diesem Gedanken entfernt. Aber er war immer noch vorhanden. Somit stirbt heute ein Teil meiner Vergangenheit, und auch ein Rest-Schimmer meiner Zukunft. Ein trauriger Tag.

Wir kaufen aus der Insolvenzmasse ein Sofa. Eigentlich brauchen wir es nicht. Aber es ist schön. Außergewöhnlich. Hat natürlich eine super Qualität. Und soll ein Erinnerungsstück sein. Fünfzehn Jahre später wird es den Weg in die erste Wohnung unseres Kindes finden.

März 2004
Ein harter Tag liegt hinter mir. Um fünf Uhr dreißig aufgestanden, danach drei Stunden Autofahrt zu einem Termin. Schwierige Diskussionen beim Kunden, danach wieder drei Stunden mit dem Auto zurück. Und jetzt, um neunzehn Uhr, stehen wir vor dem Eingang eines Interessenten. Eher ungewöhnlich, solche Abendtermine, aber der Interessent möchte schnell das Projekt starten. Jeder Tag zählt. Wir – zwei Kollegen des Vertriebs und ich – haben uns im Vorfeld telefonisch abstimmen können. Die Vorabinformation des Interessenten klang für mich eher nach einer technischen Aufgabenstellung. Dies wäre überhaupt nicht mein Ding. Meine Kollegen haben jedoch explizit bestätigt, dass es sich bei unserem Termin tatsächlich im Wesentlichen um organisatorische, prozessuale Fragestellungen handeln wird. Trotz des langen Tages freue ich mich daher auf diese Akquisition.

Wir werden nett und stilvoll begrüßt. In diesem Unternehmen scheint eine sehr angenehme Kultur zu herrschen. Durchaus vielversprechend. Kurze Vorstellungsrunde der Anwesenden. Die Teilnehmer auf Seiten des Interessenten sind überwiegend dem technischen Bereich zuzuordnen. Mir schwant Böses. Aber wahrscheinlich täusche ich mich. Der Projektleiter auf der Kundenseite fordert einen seiner

Mitarbeiter auf, Folien zu verteilen, und diese anschließend zu erläutern. Ein erster Blick bestätigt meine Befürchtungen: Rein technische Darstellungen der vorhandenen IT-Umgebung. Mein Gehirn rattert. Was soll ich machen? Haben wir nicht gerade in einem anderen Projekt ähnliche Aufgaben bearbeitet? Ich war zwar nicht direkt involviert, habe aber von den Kollegen immer wieder Informationen aufgeschnappt – im Projektbüro, beim Mittagessen, abends im Hotel. Ich überlege, wieviel mir diese Informationen jetzt nutzen können.

Die direkte Ansprache des Kunden reißt mich aus meinen Überlegungen: „Vielleicht können sie uns nun einmal erläutern, wie sie diese Aufgabe angehen würden." Ja. Genau. Vielleicht. Aber auch nur vielleicht. Ich fühle mich in die Enge getrieben. Was machen meine Vertriebskollegen, die mir das hier eingebrockt haben? Sie schweigen, schauen mich erwartungsvoll an. Soll ich ihre Erwartungen enttäuschen? Ehrlicherweise müsste ich jetzt aufstehen, und bekennen, dass diese Inhalte nicht zu meinen Kernkompetenzen gehören.

Doch stattdessen versuche ich es. Wie gewohnt suche ich das Flipchart auf. Zur Visualisierung meiner und der Kunden-Ideen. Diskussion. Überarbeitung. Übermalung. Am Ende ein Bild, von dem man den Anfang kaum noch erkennen kann. Ich beginne mit meiner Stärke, der Organisation und den Prozessen. Ich rede über deren Harmonisierung, blicke dabei in teilnahmslose oder fragende Kundengesichter. Mein Unwohlpegel steigt. Da kommt die Bestätigung. Ich werde unterbrochen. Mir wird mitgeteilt, dass diese Form der Beratung heute inhaltlich nicht im Vordergrund steht. Ich werde höflich gebeten, jetzt auf das zu besprechende technische Thema einzugehen.

Einmal vorne, immer vorne. Es gibt kein Zurück. Ich sammele krampfhaft die Fragmente der technischen Diskussionen meiner Kollegen zusammen – es bleiben Fragmente. Die Unsicherheit steigt, ich bin der festen Überzeugung, dass man mir das inzwischen auch anmerkt. Die Tragödie geht weiter, keiner entlässt mich. Der schwärzeste Tag meiner bisherigen Beraterkarriere. Nach weiteren fünfzehn Minuten im Rampenlicht setze ich mich. Wenigstens ist jetzt die exponierte Stellung aufgehoben. Ich beginne, über Spezialisten zu sprechen, die wir unbedingt hinzuziehen müssen. Meine Vertriebskollegen stimmen dankbar in diesen Tenor ein. Nach weiteren Zeiteinheiten, die mir wie Ewigkeiten vorkommen, verabschieden wir uns. Ich weiß nicht, auf was wir uns jetzt letztendlich mit dem Interessenten verständigt haben. Ich erlebe alles wie durch einen Schleier. Draußen vor dem Ausgang ein kurzer Austausch mit den Vertriebskollegen. Zusätzlich zu meiner sowieso schlechten Verfassung erhalte ich Vorwürfe. Warum ich im Vorfeld nicht rechtzeitig angemerkt habe, dass diese Themen nicht mein Ding sind. Ich hatte es gesagt. Es wollte nur keiner hören. Beim nächsten Mal werde ich früher *Nein* sagen. Und lauter.

22. März 2004

Der letzte Workshop zum Thema Prozessoptimierung bei meinem Versorgungsunternehmen ist so gut angekommen, dass man gerne ein weiteres Thema gemeinsam angehen möchte. Das Unternehmen stellt Teile seiner Software auf ein neues Programm um. Hierdurch werden die Mitarbeiter zukünftig anders arbeiten können. Und auch müssen. Eine typische Situation für Veränderungsmanagement. Und das will meine Kunde mit dem Workshop erreichen. Eine Offenheit der Teilnehmer, die Veränderungen zu verstehen und anzunehmen. Um dann die zukünftigen, veränderten Abläufe als Multiplikatoren in die Breite zu tragen.

Mit zwei Teilnehmern machen wir zu Beginn eine kleine Übung. Sie treten nacheinander nach vorne, putzen sich mit einer (jeweils frischen) Zahnbürste (ohne Zahnpasta) die

Zähne. Zuerst mit der rechten Hand. Beide sind Rechtshänder. Daher ist alles wie gewohnt. Dann mit der Linken. Völlig ungewohnt. Es kommt zu (für die Zuschauer) lustigen Szenen, als bei beiden die Koordination versagt. Das Publikum amüsiert sich. Aber was sehen wir? Wir sind mit dem Trott des Alten – hier mit der Rechtshändigkeit - voll vertraut. Experten. Und innerhalb von Sekunden machen wir uns zum Affen, da wir eine einfache Sache wie das Zähneputzen mit links nicht „fehlerfrei" hinbekommen.

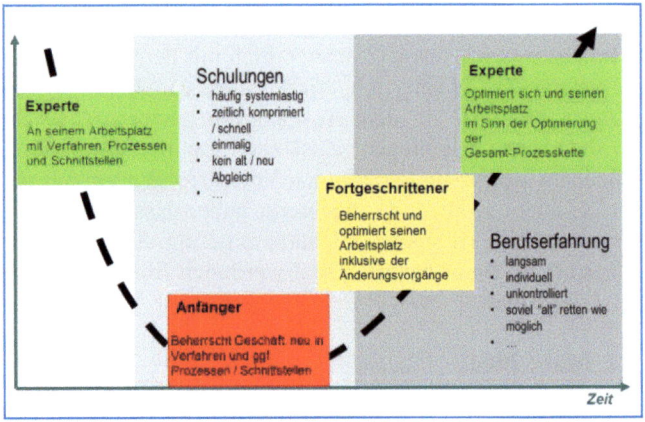

So ist das mit der organisatorischen Veränderung. Innerhalb kürzester Zeit werden wir vom (gefragten) Experten zum (ausgelachten) Deppen. Weil uns niemand im Vorfeld auf die neuen Abläufe vorbereitet hat. Und uns niemand geschult hat hinsichtlich der anstehenden Veränderungen. Wir könnten so viel richtig und besser machen. Wenn wir die Neuerungen aktiv für alle Betroffenen vorbereiten und begleiten würden. Seit über zwanzig Jahren kenne ich inzwischen die Ansätze, Methoden, Theorien. Und was passiert? Viel zu wenig. Wir sparen. Und sparen. Und sparen. Genau an diesen Themen. Regelmäßig. Und wundern uns, dass die Umsetzungsergebnisse so schlecht sind. Dass wir die Menschen nicht „mitnehmen" auf dem neuen Weg.

24. März 2004

Und direkt das nächste Erlebnis zum Thema Sparen. Der Konzern hat beschlossen, Flächen zu optimieren. Was zunächst harmlos klingt, bedeutet konkret, dass wir Büros aufgeben. Schließen. Die betroffenen Mitarbeiter auf andere Standorte verteilen. Aus Amerika schwappt gerade die Welle des „Wechselarbeitsplatzes" nach Europa. Und wir machen natürlich mit.

Was verbirgt sich hinter diesem Ansatz? In einigen Branchen – zum Beispiel der Beratung – sind die Mitarbeiter häufig an verschiedenen Tagen nicht im Büro, sondern beim Kunden. Konsequenz: Büroflächen werden nicht, oder nur in geringem Maße genutzt. Die Optimierungsidee ist daher nicht ganz falsch: Der Mitarbeiter hat keinen festen Schreibtisch mehr (wohin nur mit dem Lieblingsfarn und dem „Heile-Welt-Familienfoto"?), sondern nur noch einen Rollcontainer, in dem er seine Arbeitsunterlagen und Büroartikel einschließt. Kommt er nun in den Standort, nimmt er sich seinen Container, sucht sich einen freien Tisch, und arbeitet. Beim nächsten oder übernächsten Aufenthalt ist dieser Platz eventuell von einem Kollegen belegt. Dann sucht er sich eben einen anderen freien Tisch. Er hat ja alle notwendigen Arbeitsutensilien in seinem Container. My Container becomes my Castle!

Eigentlich keine schlechte Idee. Eigentlich. In unserem Fall finde ich sie ziemlich dumm. Denn: Meistens sind wir montags bis donnerstags beim Kunden. Und freitags im Büro. Dann aber (fast) alle. Hat der Mathematiker bei der Ermittlung der Wechselarbeitsplätze die Anwesenheit linear verteilt, stehen somit nur noch für ein Fünftel der Mitarbeiter Tische bereit. Was aber, wenn am Freitag einhundert Prozent ins Büro kommen?

Als ich von den Umzugsplänen höre, bin ich nicht sonderlich beeindruckt. Zwar finde ich unser bisheriges Gebäude ganz OK, für mich schnell erreichbar. Aber auch der neue Standort ist gut, bedeutet für mich keine längere Anreise, ist sogar viel zentraler in der Stadt. Interessant finde ich hingegen die Anfrage der Standortleitung, ob privates Interesse am vorhandenen Mobiliar des alten Standortes besteht. Denn wir werden unsere Tische, Container und Stühle nicht in die neuen Räumlichkeiten mitnehmen. Was nicht von den Mitarbeitern abgeholt wird, wandert in den Sperrmüll.

Unsere Büroschreibtische sind sehr schön. Finde zumindest ich. Sie haben ein Aluminiumgestell, und eine hochwertige dunkle Holzplatte. Ich „bestelle" davon vier Stück in der großen Ausführung, und zwei in der kleinen. Sie sind ideal für Hausaufgaben (Kinder), und zum Kartenspielen (Schwiegermutter). Ich bin übrigens einer der wenigen Kollegen, die von dem Angebot Gebrauch machen. Daher schaut mich auch heute Abend der Pförtner etwas merkwürdig an. Hilfsbereit (oder mitleidsvoll?) bietet er mir einen Rollwagen für den Transport aus der ersten Etage zum Auto an. Danke!

12. April 2004
Ostermontag. Während andere ein langes Osterwochenende genießen, oder sogar in Urlaub sind, bereiten wir die letzten Aktivitäten für die Produktivsetzung des Produktionswerkes vor. Ab morgen sollen über eintausend Mitarbeiter im Dreischichtbetrieb mit unserer neuen Softwarelösung arbeiten. Seit Donnerstagnachmittag arbeitet das Team rund um die Uhr an der Umstellung. In einem Besprechungsraum stehen fünfundzwanzig Feldbetten. Ab und zu werden sie auch genutzt.

Gegen Mittag buchen wir eine Handvoll ausgewählter Vorgänge - Wareneingänge, Einlagerungen, Produktionsrückmeldungen - in der neuen Softwareumgebung. Abhängig von den Ergebnissen wird gleich die Entscheidung fallen. Daumen hoch? Oder Daumen runter? Wären die Resultate jetzt unzureichend, hätten wir noch genug Zeit, die Systeme auf den Stand von Donnerstagabend zurückzudrehen. Und morgen früh auf der alten Umgebung weiterzuarbeiten. Doch die Daumen der Verantwortlichen gehen nach oben. Auf dieses Signal haben wir die vergangenen fünfzehn Monate hingearbeitet. Jubel!

8. Mai 2004

In diesem Jahr jährt sich unser Abitur zum zwanzigsten Mal. Einige Ehemalige haben sich viel Arbeit damit gemacht, Adressen aufzuspüren, und alle wieder an einen großen Tisch zu bringen. Diese Treffen sehe ich immer mit einer großen Zwiespältigkeit. Zum einen freue ich mich auf das Wiedersehen mit denen, die mir nahestanden. Mit denen ich viel gelacht, aber auch viel gearbeitet habe. Zum anderen sind da natürlich auch immer wieder die vor Ort, mit denen ich überhaupt nicht konnte. Einige haben mich damals – nach heutiger Lesart – „gemobbt". Wie kann man da einen schönen, entspannten Abend verbringen?

Dennoch habe ich mich zur Teilnahme entschieden. Und bereue es keine Minute. Denn neben den schönen Gesprächen mit meinen „netten" ehemaligen Mitschülern und dem Vermeiden, zu nahe in die Gesellschaft der „un-netten" zu kommen, entdecke ich an diesem Abend die „Mitte" für mich. Was ist die Mitte? Das sind die Mitschüler, zu denen ich damals keine Meinung, vielleicht aufgrund komplett unterschiedlicher Kurse auch gar keinen direkten Kontakt hatte. Mit einigen unterhalte ich mich. Es entstehen völlig unerwartet sehr intensive, interessante Diskussionen. Über das Leben mit einer Familie in Berlin. Über den Job, Flüchtlinge in Süditalien zu betreuen. Über die Herausforderungen als Hausmeister in einer Traditionskneipe unserer Stadt. Unglaublich. So viel tolle Menschen, zu denen ich in den drei Jahren der Oberstufe nahezu keinen Bezug hatte. Im Rückblick eine vertane Chance. Im Blick nach vorne: Ich freue mich auf den nächsten Ehemaligentreff. Und da insbesondere auf das Wiedersehen mit der „Mitte"!

Sommer 2004

Berater zu sein bedeutet vierundzwanzig Stunden zu beraten. Rund um die Uhr. Wenn man mit Herz bei der Sache ist, seine Arbeit liebt. Wie es bei anderen Berufsgruppen ist, weiß ich nicht. Ich komme aus dem „Problem sehen – Problem analysieren – Problem lösen" – Zyklus nur sehr selten heraus.

Elternabend in der Grundschule. Die Eltern beschweren sich über die Durchführung der Lernerhebung. Auf der Fahrt vom Projekt zum Elternabend habe ich das erste Mal davon gehört. Zwei Stunden Radiohören waren in diesem Fall eine gute Vorbereitung. Ich verfolge die Diskussion, will mich eigentlich gar nicht einmischen, da unser Kind (noch) nicht betroffen ist. Die Diskussion wird intensiver. Alle wollen etwas sagen. Fast jeder zweite Satz stellt eine Wiederholung des bereits zuvor Gesagten dar. Fällt das nur mir auf? Ich blicke auf die Uhr. Schon fünfzehn Minuten drehen wir uns im Kreis. Ich denke daran, dass noch weitere Punkte auf der Tagesordnung stehen, und bei mir morgen früh um fünf Uhr dreißig der Wecker klingeln wird. Wann müssen eigentlich die anderen Eltern aufstehen?

Ich beschließe, mich doch in die lebhafte Diskussion einzumischen. Schlage vor, im nächsten Jahr die Teilnahme an der Lernerhebung abzulehnen. Atemloses Schweigen. Bei allen vorhergehenden Wortmeldungen wurde direkt im Anschluss munter weitergeplaudert. Jetzt ist Pause. Habe ich etwas Verbotenes gesagt? Entsprach es nicht dem Geist der Schule? Allmählich ist meine Botschaft bei den meisten angekommen. Ich sehe in vielen Gesichtern Zustimmung. Interessanterweise endet die Diskussion an dieser Stelle. Es gibt keine Entscheidung über das weitere Verhalten. Das

Protokoll bleibt leer. Ich hätte den Satz schon früher einwerfen sollen. Wir hätten viel Zeit gespart.

Diskussionskultur

Das Beispiel zuvor und viele weitere, ähnliche Erlebnisse zeigen mir, wie gerne wir alle mitplaudern und unsere Kommentare abgeben, solange wir nicht konkret werden müssen. Meetings, die sich in Endlosdiskussionen um ein Thema im Kreise drehen, sind meiner Meinung nach geprägt von der tiefen individuellen Furcht, dass jemand konkret werden könnte. Oder konkret werden müsste.

Konkret bedeutet:
Eine Aufgabe zugewiesen zu bekommen.
Sie erfüllen zu müssen. Daran gemessen zu werden.

Konkret bedeutet:
Sich angreifbar zu machen.
Mit seiner Meinung. Und mit seinem Ergebnis.

Konkret bedeutet:
Eine Position zu beziehen.
Sich für etwas oder jemanden einzusetzen.

Unsere Gesellschaft ist reich.
An Kommunikation, an Plauderei.
Aber gleichzeitig so arm.
An Verbindlichkeit.

---

29. Oktober 2004

Bei einer Familienfeier im Sommer kommt es zu einer Schnapsidee. Wir werden unsere Kusine, die zurzeit in Delhi arbeitet, besuchen. Diese besondere Woche liegt nun vor mir. Ich habe die Prachtbilder des Taj Mahal vor Augen, als unser Flug kurz vor Mitternacht Ortszeit in Delhi landet. Mich erwartet aber nicht das weitläufige Gelände des Taj Mahal, sondern zuerst einmal ein unglaubliches Gewimmel im Flughafengebäude. Wo kommen alle diese Menschen her? Und wohin wollen sie? Wir warten sehr lange auf unsere Koffer. Danach warten wir erneut in einer langen Schlange vor der Passkontrolle. Dann sind wir durch. Werden von unserer Kusine freudig begrüßt.

Jetzt aber schnell in die Wohnung. Schnell? Nein. Allein das Verlassen des Flughafenparkplatzes dauert eine halbe Ewigkeit. Jetzt aber. Nein. Nach Mitternacht – also genau jetzt - erwacht der Lieferverkehr für die Millionenstadt. Tausende Menschen sind mit LKWs, Autos, Rikschas und Fahrrädern unterwegs. Bringen ihre Waren ins Zentrum. Am Tage dürfen sie das nicht. An einer riesigen Baustelle in der Nähe des Flughafens kommt der Verkehr nahezu völlig zum Erliegen. Die Fahrzeuge quetschen sich mit Zentimeter-Abständen aneinander vorbei. In Deutschland hätte ich schon fünf Unfälle verursacht. Das ist einer der Gründe, warum man sich hier einen Fahrer nimmt. Völlig erschöpft kommen wir dreieinhalb Stunden nach der Landung in unserem Quartier an.

Die folgenden Tage sind für mich eine Achterbahnfahrt zwischen Armut und Reichtum. Kultur und Religion. Staub und Farben. Mangel und Überfluss. Indien ist ein Land voller Widersprüche. Man muss lernen, damit umzugehen. Für sich persönlich einen Weg zu finden, diese Dissonanzen auszuhalten. Das ist nicht einfach. Indien selbst bezeichnet sich in der aktuellen Werbekampagne als „Incredible". Stimmt. Es ist hier fast alles unglaublich.

Reichtum. Wir wohnen bei unserer Kusine. In einem guten Viertel der Stadt. Sie hat viel Platz. Zwei komplette Etagen. Vielleicht einhundertsechzig Quadratmeter. Und eine Haushaltshilfe, die sich um alles kümmert. Putzen. Einkaufen. Kochen. Sie ist Bestandteil des Mietvertrags. Wohnt auf der Rückseite des Hauses in einer Art Hütte. Über deren Quadratmeter möchte ich mir erst gar keine Gedanken machen. Die Haushälterin ist im Übrigen „reich"! Sie hat eine geregelte Arbeit. Ein stabiles, wenn auch kleines Einkommen. Ein festes Dach über dem Kopf. Für Millionen Menschen in diesem Land nicht der Normalfall.

Mangel. Ich öffne das Duschventil. Ein winziges Rinnsal kommt aus einer Installation, die bei uns bereits vor vierzig Jahren erneuert worden wäre. Es ist schwierig, sich unter den wenigen Tropfen die Haare zu waschen. Am dritten Tag habe ich mich daran gewöhnt. Millionen Menschen leben hier ohne einen eigenen Zugang zu fließendem Wasser. Ich bin mir nicht sicher, ob unsere Haushaltshilfe eigenes fließendes Wasser hat. Vermutlich nicht. Mein weniges Wasser ist somit nicht Mangel, sondern Wohlstand.

Armut. An den Straßenseiten sitzen die Menschen im Staub. Betteln. Teilweise laufen sie mir nach. Fassen mich an. Versuchen mich festzuhalten. Schön ist anders. Es sind auch viele Kinder dabei. Einige mit schweren Verstümmelungen. Es ist schwer zu ertragen. Aber unsere Kusine warnt davor, Geld zu geben. Zum einen ist man dann sofort umringt von Dutzenden weiteren Bettlern, die ebenfalls alle etwas haben möchten. Zum anderen sind die Verstümmelungen oft vorsätzlich herbeigeführt. Um das Mitgefühl zu verstärken. Natürlich verstümmeln sich die Kinder nicht selbst. Das machen andere. Zum Beispiel die eigenen Eltern. Aus Verzweiflung. Für uns unvorstellbar. Manche glauben, dass die Szene in „Slumdog Millionaire[30]", in der

---

[30] Slumdog Millionaire: Verfilmung des Buches „Q&A" (questions and answers) von Vikas Swarup; wurde mit acht Oscars ausgezeichnet; erschienen 2008; als Vorbereitung für eine Indien-Reise durchaus sehens-/lesenswert.

den Straßenkindern im „Waisenhaus" das Augenlicht für immer genommen wird (um hierdurch mehr Mitleid zu erregen, mehr Geld zu erbetteln), erfunden ist. Seit heute würde ich nicht mehr darauf wetten.

Auskommen. Oder die Menschen versuchen, etwas zu verkaufen. Auf einem kurzen Stück Weg mache ich eine interessante Entdeckung: Zuerst sehe ich einen Jungen, der auf einem Stofffetzen drei Kugelschreiber anbietet. Sie sind wunderschön, leuchten in verschiedenen, sehr intensiven Farben. Ein paar Meter weiter hat ein Mann einen kleinen Klapptisch aufgebaut. Er verkauft die gleichen Kugelschreiber – allerdings in Zehnerpackungen. Ist er der „Großhändler" des Jungen? Und noch ein paar Meter weiter beginnen einige winzige Ladengeschäfte. Grundfläche vielleicht drei Quadratmeter. Hier finde ich unter anderem eine Art „Vollsortimenter" fürs Schreiben. Nicht nur die Kulis im Zehnerpack. Auch ganz viele andere Stifte. Und Papier. Zum Beschreiben, aber auch zum Verpacken. Diese drei Menschen zeigen auf engstem Raum, wie das Wirtschaftsleben der Kleinstunternehmer hier funktioniert.

Luxus. Nach den Erlebnissen und Eindrücken des Vormittags wird es Zeit zum Mittagessen. Wir lassen uns zum „Imperial" fahren, einem Traditionshotel am Janpath. Türsteher in Livree. Marmorfußböden. Eiskalte Klimatisierung. Für uns der völlige Kontrast zu den vorangegangenen Stunden. Im Foyer eine riesige Skulptur aus frischen Blüten. Einzeln von Hand gesteckt. Zwei junge Inderinnen laufen permanent um das Arrangement herum. Suchen Blüten, die kurz vor dem Verwelken stehen. Ersetzen sie umgehend durch frische. Man fühlt sich wie in einem Palast zur Zeit der Moguln. Unvorstellbar. Auf der Terrasse essen wir in der Sonne zu Mittag. Relativ einfache Gerichte. Ich probiere Samosas. Sie werden wunderschön auf einem Bananenblatt angerichtet serviert. Habe ich diese Aromen zuvor schon einmal erlebt? Ich habe den Eindruck, völlig neue, bisher unbekannte Geschmacksnerven zu aktivieren. Ein Traum! Über achthundert Millionen Inder leben laut Statistik zu diesem Zeitpunkt von weniger als einem Euro pro Tag. Unser Mittagessen kostet rund zwanzig Euro. Für uns ein Erlebnis. Für die Menschen vor der Hotelmauer ein Monatslohn.

Farben. Wir fahren mit dem Zug nach Agra. Kurz vor der Einfahrt in den Bahnhof passieren wir eine riesige Müllhalde. Schweine durchsuchen die vermodernden Reste. Wühlen in Wassertümpeln, deren chemische und bakterielle Zusammensetzung ich nicht kennen möchte. Über die Müllhalde ziehen sich Trampelpfade. Menschen laufen offenbar regelmäßig auf diesen Wegen durch den Unrat. Nicht, um nach Verwertbarem zu suchen. Sondern um von der einen auf die andere Seite zu gelangen. Plötzlich sehe ich in diesem unglaublichen Dreck zwei Frauen auf einem der Trampelpfade. Inmitten des Unrats stechen sie heraus. Ihre Saris leuchten in der Sonne. Ein unglaubliches Bild. Überall Müll und Unrat. Dazwischen das schönste Blau, das schönste Orange. Strahlende Seide. Mitten im Dreck. Das ist Indien.

Reichtum. In Agra stehen wir nun vor dem Taj Mahal. Natürlich ist es beeindruckend. Doch ist die Diskrepanz von der Müllhalde vorhin zu diesem marmornen Prachtbau gigantisch. Vor allem frage ich mich zunehmend, wie Pauschaltouristen Indien wahrnehmen. Ich habe den Eindruck, dass man sie bewusst von den Schattenseiten fernhält. Vielleicht geht das auch tatsächlich. Vom Hotel direkt mit dem Bus bis vor die Sehenswürdigkeit. Von dort wieder mit dem Bus direkt ins schöne Restaurant. Alles hinter getönten, abgedunkelten Scheiben. Ohne Bettler. Wahrscheinlich kann man das schaffen.

Staub. Von Agra wird uns ein Fahrer nach Jaipur bringen. Er empfiehlt die späteste Abfahrt gegen sechzehn Uhr, damit wir noch im Hellen unser Ziel erreichen. Wieso im Hellen? Die Autos haben doch hoffentlich Scheinwerfer? Wir wollen den Tag und die Sehenswürdigkeiten genießen. Lassen uns viel Zeit bei der Erkundung von Fatehpur Sikri. Es beginnt zu dämmern, als wir losfahren. Die Dunkelheit kommt rasch. Von jetzt auf gleich. Natürlich hat unser Auto Scheinwerfer. Aber die Eselfuhrwerke nicht. Auch nicht die Kameltransporte. Und die riesigen Schlaglöcher sind ebenfalls nicht beleuchtet. Davon gibt es mehr als genug. Zum Glück ist unser Fahrer ein Slalom-Experte. Am schlimmsten sind für mich die Passagen durch Siedlungen. Es gibt dort keine Straßenbeleuchtung. Menschen queren oftmals unmittelbar vor unserem Fahrzeug die Fahrbahn, Nahezu unsichtbar. Wir bemerken sie zumeist erst, wenn unser Fahrer scharf bremst. Ein Abenteuer, das wir zum Glück unbeschadet überstehen.

Luxus. Zufällig findet genau an diesen Tagen in Delhi die „Deutsche Woche" statt. Jeden Abend gestaltet ein anderes Bundesland eine kleine Festlichkeit. Wir haben eine Einladung zum Württemberger Abend erhalten. Vor dem Eingang eines Nobelhotels sind drei Mercedes-Limousinen zur Schau gestellt. Der örtliche Händler sponsert das Event. Ich komme mit seiner Frau ins Gespräch. Erzähle ihr begeistert vom neuen Maybach[31], und speziell von der Technologie, den Lichtstrahl trotz des Logos im Scheinwerferglas fokussiert auf die Straße zu bringen. Sie erzählt mir, dass sie gerade den dritten Maybach ausgeliefert haben. Und für ein weiteres knappes Dutzend Vorbestellungen vorliegen hätten. Ich bin sprachlos. Und esse ein paar frisch von der Lufthansa eingeflogene, geschmälzte Maultaschen.

Religion. Eine abendliche Rikscha-Fahrt mit einem Tuk Tuk. An einer Ampel müssen wir halten. Ein Junge – vielleicht zehn Jahre alt – kommt an die offene Seite des Fahr-

---

[31] Maybach: Von 2002 bis 2012 eine Sparte der Daimler AG, die Luxuslimousinen herstellte und verkaufte.

zeugs. Bettelt mich an. Ich verstehe seine Worte nicht. Er faltet die Hände, hebt sie über seinen Kopf. Geht dann vor mir auf der Straße in die Knie. Berührt mit seiner Stirn meine Turnschuhe. Erhebt sich mit den gefalteten Händen. Er hat sein Schicksal in meine Hände gelegt. Die Ampel schaltet auf Grün. Man soll doch den Bettlern nichts geben.

Perspektive. In aller Armut und Ungerechtigkeit gibt es Lichtblicke. Wir besuchen ein Hilfsprojekt, in dem ein Ehepaar tagsüber Kinder aus den Slums ihrer Umgebung aufnimmt, und sie betreut. Betreuung bedeutet hier in erster Linie, ihnen einen geschützten Platz, Nahrung, Hygiene und *Bildung* zu ermöglichen. Viele der hier aufgenommenen Straßenkinder erleben zum ersten Mal, dass man etwas lernen kann. Aus einem Buch. Von einem Lehrer. Und dass das Leben nicht aus Betteln und Kugelschreiberverkauf bestehen muss. Eine große Idee. Mit unglaublichem Erfolg. Nahezu alle aufgenommenen Kinder schaffen einen Schulabschluss. Näheres zu diesem Projekt: Siehe Fußnote[32]. Sollten Sie auch nur einen Euro übrighaben – hier ist er definitiv gut angelegt. Und wenn Sie über die Help Alliance der Lufthansa für dieses Projekt spenden, gibt es eine steuerlich abzugsfähige Quittung obendrein. Jetzt können Sie sicherlich nicht mehr Nein sagen. Oder?

Sieben Tage erlebe ich „Incredible India". Nur einen winzigen Ausschnitt dieses riesigen Landes. Das „klassische" Dreieck: Delhi – Agra – Jaipur. Und auch bei diesen drei Städten kratze ich nur ein klein wenig an der Oberfläche. Die Zeit wird mich durch ihre unglaubliche Intensität prägen. Vermutlich mehr als alle anderen Reisen. Und: Es wird eine wichtige Vorstufe zu einer folgenden beruflichen Aufgabe sein. Dazu später mehr.

---

[32] Sunshine Delhi (auch auf Facebook):
https://www.helpalliance.org/projekte/sunshine-projekt/

10. November 2004

Bei einem global agierenden Mittelständler führen wir in der deutschen Gesellschaft gerade SAP ein. Der IT-Leiter ist vorausschauend. Er möchte gerne eine Strategie erarbeiten, ob, und wenn ja wie, SAP auch in den anderen Landesgesellschaften der Unternehmensgruppe zum Einsatz kommen soll. Uns beauftragt er daher mit der Ausarbeitung eines solchen Papiers. Eigentlich könnte er es auch direkt selbst schreiben. In seinem Kopf sind bereits dreiviertel des Plans fertig. Aber der Prophet im eigenen Haus zählt eben nicht immer gleichviel wie ein externes „Gutachten". In diesem Sinne werde ich in diesem Projekt weniger Berater, sondern mehr Ghostwriter[33] sein. Er diktiert. Ich schreibe. Und male. Und lerne.

Im initialen Workshop diskutieren wir die grundsätzlichen Anforderungen an das Ergebnis. Der IT-Leiter benötigt im Wesentlichen Aussagen zu drei Themenbereichen:

- **Applikation / Software**
  Setze ich zukünftig in allen Gesellschaften SAP ein, oder gibt es eventuell alternative Szenarien? Zum Beispiel den Einsatz einer einfacheren, schlankeren Lösung für die kleinen Gesellschaften?

- **Betrieb**
  Wird die Software auf einem zentralen Rechner bereitgestellt? Oder ergeben sich – vielleicht auch aus der Applikationsentscheidung – andere Notwendigkeiten. Und: Mache ich den Betrieb selbst, stelle mir den Rechner in mein eigenes Rechenzentrum? Oder beauftrage ich damit einen Dienstleister („Outsourcing")?

---

[33] Ghostwriter: Schreibt im Auftrag für eine andere Person

- **Betreuung**
  Wie organisiere ich die Betreuung der Anwender bei Fragen und Problemen? Wird es eine zentrale Anlaufstelle geben? Kann ich dann von dort alle Sprachen bedienen, und auch alle Zeitzonen?

Im Projekt bei dem Hersteller von Verpackungsmaschinen *(siehe Juni 2001)* habe ich die Erfahrung gemacht, dass in einem Unternehmensverbund nicht alle Gesellschaften ähnlich sein müssen. Daher möchte ich hier vor einer Vertiefung der Datensammlung zuerst einen groben Überblick über die jeweils eingesetzten Geschäftsprozesse erstellen.

Nach einigen kurzen telefonischen Interviews ergibt sich das nachfolgende Bild. Die Zeilen repräsentieren die genutzten Prozesse und Funktionen, die Spalten die jeweiligen Länder.

	L1	L2	L3	L4	L5	L6	L7	L8	L9
Entwicklung / Konstruktion									
Austausch von Konstruktionsdaten / Stücklisten / etc.									
Verkauf von Neumaschinen									
Einkauf von Neumaschinen von anderen Landesgesellschaften									
Verkauf von Serviceleistungen an Endkunden									
Verkauf von Ersatzteilen an Endkunden									
Einkauf von Ersatzteilen von anderen Landesgesellschaften									
Verkauf von Ersatzteilen an andere Landesgesellschaften									
Materialbedarfsplanung / Disposition für Stücklistenmaterialien									
Einkauf für Stücklistenmaterialien									
Einkauf von nicht-Stücklistenmaterialien									
Materialwirtschaft / Lagerwesen / Bestandsführung									
Fertigungsplanung / Fertigungssteuerung für Teilefertigung / Montage									
Nachkalkulation									
Kreditorenbuchhaltung									o
Debitorenbuchhaltung									o
Anlagenbuchhaltung									
Kostenstellenrechnung									
Kostenträgerrechnung									
Personalabrechnung					o		o		o

wird ausgeübt ("O" = outgesourct)
wird nicht generell ausgeübt
wird nicht ausgeübt

Auf den ersten Blick erkennbar: Die Länder L1, L2 und L3 sind sich funktional sehr ähnlich, ebenso die Länder L7, L8 und L9. Hingegen ergeben L4, L5 und L6 kein eindeutiges Bild, hier werden wir bei den späteren Detailfragen weitere Informationen für die Bewertung einholen müssen.

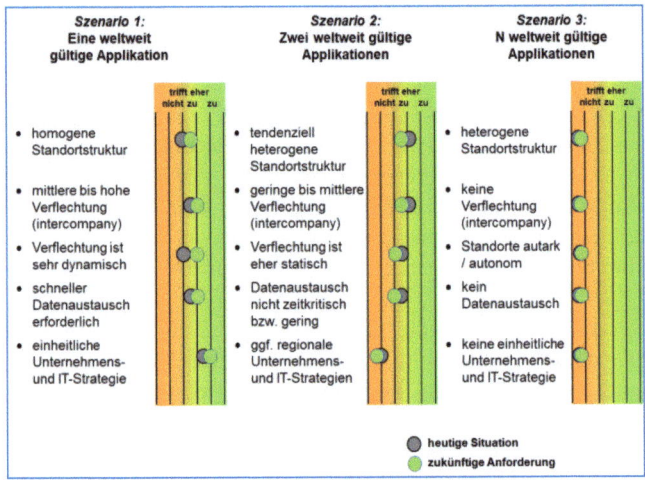

Für die grundsätzlichen Entscheidungen zu Applikation, Betrieb und Betreuung werden wir jeweils drei Szenarien aufstellen, und diese gemeinsam mit dem IT-Leiter, aber auch Vertretern des Finanzwesens, des Vertriebs und der Produktion besprechen. Anhand weniger, aber aussagefähiger Kriterien diskutieren wir, wie sich die Situation heute darstellt und zukünftig entwickeln könnte. Relativ schnell lässt sich so eine Tendenz zu einem der drei Szenarien erkennen. Dieses werden wir in der nachfolgenden Projektphase detaillierter ausarbeiten.

Herbst 2004
In der Zentrale und drei deutschen Produktionswerken eines mittelständischen Fahrzeugbauers haben meine Kollegen in den vergangenen beiden Jahren SAP eingeführt. Im Sommer 2005 soll nun auch der letzte Standort im Inland mit der neuen Software „beglückt" werden. Vor acht Wochen haben wir dem lokalen Management unser Projekt-

134

vorgehen vorgestellt. Die beiden für mich vorgesehenen Aufgaben: Zum einen kenne ich von „meinem" Automobilzulieferer die zurzeit eingesetzte Software, kann daher bei der Übertragung („Migration") der Daten aus dem Altsystem nach SAP helfen. Zum anderen wollen wir in diesem Standort auch das Thema Change Management stärker in das Projekt einbringen. In den zuvor erfolgten Einführungen hat der Kunde darauf weitestgehend verzichtet. Entsprechend schlecht war die Akzeptanz der neuen Lösung. Viel Unsicherheit in den ersten Wochen (um nicht zu sagen Monaten) nach dem GoLive. Eine hohe Verweigerungshaltung der Mitarbeiter, die neuen Abläufe anzunehmen. Viele Versuche, nach altem, bekanntem Muster weiter zu arbeiten. An der neuen Software vorbei. Keine gute Idee.

Daher schlagen wir (erneut) vor, es diesmal anders zu machen. Bei unserer Präsentation vor zwei Monaten war das Management noch ganz angetan von dieser Idee. Als wir jetzt ins Projekt starten, ist das Interesse jedoch weitestgehend erloschen. Wieder einmal soll alles funktionieren, ohne dass man die Mitarbeiter „abholt" und in die neue Umgebung hinüber begleitet. Auch gut. Man wird sehen, was man davon hat. Sieht man dann auch im Sommer des Folgejahres. Unsicherheit. Verweigerung. Vorhersehbar. Und vorhergesagt. Aber nicht erhört.

Also kümmere ich mich ausschließlich um die Altdatenübernahme. Ich bin „Übersetzer" zwischen den Softwarewelten. Das macht mir in dieser Situation großen Spaß: Einerseits bin ich der „Spezialist" in der Altsoftware, andererseits lerne ich in kurzer Zeit extrem viel über die Datenstrukturen des SAP. Mein größtes Augenmerk wird auf der korrekten Übernahme der Lagerbestände liegen. Hier sehen die Wirtschaftsprüfer sehr genau auf die exakte Übereinstimmung der Werte und Mengen. Da im SAP eine neue Bewertung der Bestände vorgesehen ist, werden sich die

Bestandswerte aus dem Altsystem und die im SAP unterscheiden. Diese Differenzen müssen wir erklären können.

Als Hilfsmittel baue ich mit einem Kundenmitarbeiter eine Access-Datenbank auf. In diese spielen wir die Mengen und Werte aus der Altsoftware. Dann übernehmen wir die Daten aus dem Altsystem ins SAP. Von dort lesen wir Mengen und Werte erneut aus. Spielen sie ebenfalls in die Access-Datenbank ein. Vergleichen. Identifizieren auf diesem Weg Mengen- und Wertedifferenzen. Suchen mit den Mitarbeitern des Rechnungswesens nach einer Erklärung. Dieses Spiel spielen wir ein gutes Dutzend Mal, bis wir jede einzelne Abweichung glaubhaft dokumentieren können. Zum Produktivstart wird alles reibungslos funktionieren.

Hotelerlebnis

Bei einer abendlichen Anmeldung an der Hotelrezeption nehme ich plötzlich einen sehr intensiven Milka-Geruch war. Milka? Oder doch eher Ritter Sport? Woher kommt das? Als ich meine Zimmerkarte entgegennehme, mich vom Tresen wegdrehe, wird der Geruch intensiver. Ein weiblicher Gast geht an mir vorbei, stellt der Hotelmitarbeiterin eine Frage. Ist sie der Quell des Aromas?

Am Folgetag entdecke ich einen Flyer. Das Hotel bietet Schokoladenmassagen an. Nun habe ich die Erklärung für die Düfte des Vorabends gefunden. Persönlich halte ich allerdings nach wie vor mehr von einer inneren als von einer äußeren Milka-Anwendung.

Stufe 3: Vielflieger

oder

Der Sprung in die weite Welt

Amerika – hier bin ich!
Indien – hier bin ich!

Welt – wo bist du?

(unbekannter Autor)

November 2004

Das Management hat auf Projekterfahrungen und Kundenfeedbacks reagiert. In den letzten Monaten sind die Berater aufgrund fehlender Fähigkeiten immer häufiger in Konfliktsituationen gekommen. Der „Mangel" liegt dabei nicht in der fachlichen Beratung – da sind wir super! Es mangelt an der betriebswirtschaftlichen Sicht. Der Analyse und Argumentation, warum der neu vorgeschlagene Prozess für den Kunden besser ist. Welche Vorteile er ihm bringt. Reduktion der Durchlaufzeiten. Verbesserte Liefertreue. Höhere Produktqualität. Diese Sprache sprechen wir noch viel zu wenig.

Um hier die Fähigkeiten auf- und auszubauen, hat man ein Gesellschaftsspiel entwickeln lassen. In kleinen Gruppen werden unsere Mitarbeiter eine Mischung aus Monopoly, Börsenspiel und Stratego durchlaufen. Ein spielerisches Lernen. Eine gute Idee! Für die flächendeckende Umsetzung in der gesamten Organisation werden Trainer gesucht. Sie sollen als Spielleiter, Moderatoren und Coaches geschult werden, um dann im Anschluss das Wissen zu vermitteln. Ich melde mich.

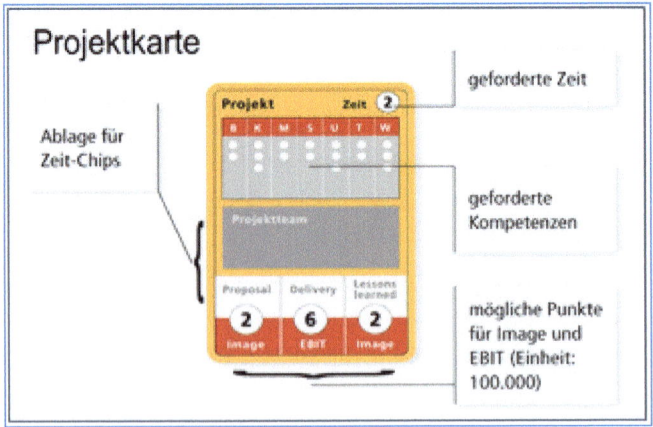

In den kommenden Monaten werden wir Dutzende Trainings in allen deutschen Standorten anbieten. Die „Spiele" erstrecken sich über einen ganzen Tag – je nach Verfügbarkeit der Kollegen spielen wir oftmals in zwei bis drei Gruppen parallel. Je Gruppe vier Teilnehmer. In Zwischenphasen werden die Eindrücke und Erkenntnisse gruppenübergreifend ausgetauscht. Wurde das Spiel zu Beginn von vielen sehr belächelt und als „Kinderkram" abgetan, sieht ein Großteil der Kollegen nach den ersten Spielzügen einen deutlichen Zugewinn an Informationen und Wissen. Und ein weiterer positiver Effekt: Wir verbreitern schlagartig unser internes Netzwerk!

Dezember 2004

Das Jahr neigt sich dem Ende zu. In den vergangenen zwölf Monaten war ich siebenundzwanzig Mal (per Flugzeug) bei meinem Automobilzulieferer in Süddeutschland. Meistens zwei Tage. Einige Male auch drei Tage. Wenige Termine nur für einen Tag. Morgens hin. Abends zurück. Was für ein Verbrauch an Kerosin. Aus der heutigen Brille ein nicht unerheblicher Mosaikstein in der ökologischen Katastrophe des weltweiten Klimawandels.

Spannend die Frage: Gab es zu diesem Zeitpunkt Alternativen? Vermutlich kaum. Die Kommunikationsmedien für Telefon- oder Videokonferenzen sind noch nicht vorhanden, oder stecken maximal in den Kinderschuhen. Ich hätte den ein oder anderen Aufenthalt in Woche eins von drei auf vier Tage verlängern können. Wäre dann zu diesem Kunden in der folgenden Woche nicht gereist. Ein Flug Einsparpotenzial. Zwei Flüge weniger pro Monat? In der Beratungsbranche ist dieser Ansatz nicht so einfach umzusetzen: Betreut man zwei Kunden parallel, haben in der Regel beide den Anspruch auf ein Treffen pro Woche. Bleibe ich jetzt bei dem ersten Kunden vier Tage, kann ich erst in der Folgewoche – somit dann vierzehntägig – zum Zweiten. Manche Projektaufgaben lassen sich so verteilen. Andere nicht.

Fliegen
Siebenundzwanzig An- und Abflüge am gleichen Flugha-
fen in einem Jahr. Da kennt man fast jedes Haus in der Ein-
flugschneise. Für mich in dieser Zeit immer das schönste
Bild: Burg Hohenneuffen auf einem Felsrücken thronend.
Hoch erhaben auf den Ausläufern der schwäbischen Alb.
Die schönste Stimmung: Leichter Morgendunst oder erste
Abendnebel. Dann sieht es so aus, als würde die Burg über
den Wolken schweben. Einmalig schön!

Aus Gewöhnung, aber auch aus dem Wunsch heraus, die-
ses Motiv wieder und wieder zu erleben, buche ich meinen
Sitzplatz immer auf der gleichen Flugzeugseite. Immer am
Fenster. Überwiegend geht die Rechnung auf. Manchmal
ändern sich allerdings die üblichen Windverhältnisse. Dann
finden Start oder Landung von der anderen Seite statt. Ich
verpasse dann die besondere Aussicht. An solchen Tagen
fehlt mir etwas. Komisch.

11. Januar 2005
Auf der Rückfahrt von einem internen Training ist der In-
tercity bis auf den letzten Platz belegt. Ich habe keine Re-
servierung, laufe suchend von Reihe zu Reihe. Da: Ein freier Sitz – allerdings demonstrativ belegt mit Zeitschriften
und Schreibutensilien. Höflich frage ich den Reisenden, ob
er mir den Platz freiräumt. Ziemlich abweisend und unhöflich geht er nach einem kurzen Wortwechsel darauf ein. Ich
kann ja auch nichts dafür. Nehme Platz. Eine unangenehme
Situation. Ab und zu läuft er zum Telefonieren in den Tür-
bereich. Eine Stunde später erreichen wir sein Ziel. Thank
you for travelling Deutsche Bahn. Erleichtert freue ich mich
über den Zugewinn an Raum. Fünfzehn Jahre später wird er
einen Anlauf auf das Kanzleramt in Berlin unternehmen.
Ich werde ihn definitiv nicht wählen. Das hat er jetzt davon.

Februar 2005

Bei meinem Automobilzulieferer gibt es seit einigen Monaten in den Vertriebsabläufen zunehmend Reibungsverluste. Konkret: Kunden beschweren sich, mit welch geringer Verbindlichkeit Informationen ausgetauscht und Vereinbarungen eingehalten werden. Wir werden uns daher die Prozessabläufe ansehen, mit jedem Mitarbeiter Interviews führen. Danach können wir überlegen, welche Maßnahmen und Optimierungen erforderlich für eine bessere Atmosphäre an der Kundenschnittstelle sind.

Vor einem knappen Jahr hat das Unternehmen seinen Standort in ein anderes Bundesland verlegt. Am alten Betriebssitz haben die meisten Mitarbeiter das Unternehmen freiwillig gegen Abfindungen verlassen. Für die zukünftige Niederlassung wurden daher viele überwiegend junge Mitarbeiter neu eingestellt. Für einen Großteil von ihnen ist es erst der zweite Job nach wenigen Berufsjahren. Für einige der erste. Fast alle sind Novizen in der Zulieferindustrie. Nur wenige der verbliebenen „alten Hasen" kümmern sich regelmäßig um den unerfahrenen Nachwuchs.

In den Interviews treffe ich auf eine Mischung aus Interesse, Motivation, Neugier. Angst, Ablehnung und Gleichgültigkeit. Es ist schnell erkennbar, wie die neuen Mitarbeiter „ticken". Wer von ihnen sich bereits auf seine Aufgabe eingestellt hat. Wer das Unternehmen und die Branche attraktiv findet. Weiterkommen möchte. Wer noch überlegt, ob es die richtige Rolle für ihn ist. Wer schon aktiv die Stellenanzeigen studiert. Oder wer in einen Monotonie-Dienst-nach-Vorschrift-Modus („It pays the bills") abgerutscht ist.

Ein Beispiel: Ein Kunde sendet täglich per elektronischem Datenaustausch seine Abrufzahlen[34]. Vertraglich ist vereinbart, dass der Lieferant – also mein Kunde - die Lie-

---

[34] Tagesgenaue Bestell-/Liefermengen

feranfragen nur dann erfüllen muss, wenn sich diese innerhalb eines festgelegten Korridors bewegen. Übersteigen die
Abrufzahlen die obere Schwelle um mehr als zehn Prozent,
besteht für meinen Kunden für die zusätzliche Menge keine
Lieferverpflichtung.

Der Sachbearbeiter vergleicht nun jeden Tag die aktuellen
Bestellmengen mit denen des Vortages. So weit, so gut.
Häufig liegen die Zahlen geringfügig oberhalb der zehnpro-
zentigen Toleranz. Für jede Überschreitung teilt der junge
Mitarbeiter per E-Mail seinem Kunden formal die „Ver-
tragsverletzung" mit. Beendet das Schriftstück mit der
Formulierung, dass sein Unternehmen daher für die Delta-
menge keine Lieferverpflichtung habe. Irgendjemand
scheint ihm das so beigebracht zu haben. Ist sein Verhalten
richtig? Nein. Warum nicht:

- **Erstens**
  Aufgrund der bestehenden vertraglichen Situation
  muss er den Kunden nicht täglich explizit auf die
  Abweichungen hinweisen. Wäre er tatsächlich
  aufgrund der Überschreitung anteilig nicht liefer-
  fähig, könnte der Kunde hier grundsätzlich keine
  Forderung stellen.

- **Zweitens**
  Der Ton macht die Musik. Sein Schrift-Ton wird
  beim Kunden nicht harmonisch, konstruktiv ankommen. Ich sehe keinen einzigen Schriftverkehr,
  in dem er auf den Kunden zugeht. Ihm zumindest
  eine Prüfung der Liefermöglichkeiten der Zusatz-
  menge in Aussicht stellt.

- **Drittens**
  Würde er etwas über seinen Tellerrand hinaus-
  schauen, hätte er bemerkt, dass sein Unternehmen
  bereits seit Monaten die „Überanforderungen" seines Kunden locker erfüllt. Aufgrund eines sehr

flexiblen Produktionssystems. Von dem er nichts weiß. Weil man ihn nicht darin geschult hat.

Angesprochen auf diese Punkte reagiert der Mitarbeiter ablehnend. Abwehrend. Schroff. So habe man es ihm gesagt. So würde er es machen. Punkt. Mich erschreckt zutiefst, wie man bereits in jungen Jahren so eingefahren, unkritisch und unflexibel sein kann. Wenn diese Einstellung den Querschnitt durch den deutschen Arbeitsmarkt widerspiegelt, wundert mich die aktuelle wirtschaftliche Flaute nicht im Geringsten. Mich erschreckt aber mindestens genau so sehr, wie wenig man sich offensichtlich in den vergangenen Monaten um diese jungen, unerfahrenen Mitarbeiter gekümmert hat. Ein großes Versagen derer, die die Verantwortung für das Anlernen und die Betreuung in den ersten Berufsmonaten innehatten.

Doch es gibt auch positive Beispiele. Motivierte junge Menschen, die jede Chance zur Diskussion dankend annehmen. Die sich freuen, dass jemand zu ihnen kommt, ihnen zuhört, ihre Ideen aufnimmt, und ihnen auch Lösungen für ihre Probleme verspricht. Natürlich hat man es hier als Berater im Vergleich zur Führungskraft einfach. Zumindest *einfacher*. Wir haben die Zeit, uns in Ruhe auf die Analyse- und Optimierungsaufgabe vorzubereiten. Sie ungestört von jedwedem Tagesgeschäft durchzuführen. Die Ergebnisse zu reflektieren. Maßnahmen zu überlegen, vorzuschlagen, auszuarbeiten, umzusetzen.

Intensive – ihrer Berufserfahrung angemessene – Führung und Förderung scheinen die jungen Mitarbeiter nicht zu erhalten. Weder von ihren Führungskräften. Noch durch ein geeignetes Trainee-Programm. Ich nehme mir vor, den Engagierten unter ihnen im Rahmen meiner Projektmöglichkeiten Orientierung zu geben. Ihnen einen Teil meiner Erfahrung und meines Wissens zu vermitteln. Sie dadurch mit einer guten Portion Selbstbewusstsein für ihren Job auszustatten. Für mich ein sehr gutes Gefühl. Gleichzeitig allerdings auch ein Tanz auf dünnem Eis gegenüber ihren Führungskräften. Denn letztendlich mische ich mich in Dinge ein, die mich (formal) nichts angehen.

29. März 2005

Wir besuchen mit der Familie das Löbbecke – Museum in Düsseldorf. Viele nennen es schlichtweg „Fisch´kes-Museum". Weil es dort so viele Flossentiere zu bestaunen gibt. Die Kinder haben großen Spaß an den Aquarien und Terrarien. Die Eltern auch. Es ist gut besucht, man trifft überwiegend die gleichen Besucher aufs Neue vor dem nächsten Ausstellungsstück. Nach einiger Zeit fällt mir ein Junge im Rollstuhl auf – nicht viel älter als unser Kind. Er hat wenig Interesse an den Fischen. Spricht lieber die Besucher um ihn herum an. Immer mit den gleichen Fragen. „Was hast du für einen Beruf?". „Wo wohnst du?". „Was trinkst du am liebsten?".

Die meisten der Angesprochenen fühlen sich unwohl, versuchen, seine Fragen zu überhören. Der Junge stellt sie lauter. Seiner Mutter ist das offensichtlich unangenehm. Ich stelle mir vor, es wäre unser Kind. Mir wäre es auch unangenehm. Ich versuche, einen entsprechenden Abstand zu halten. Um nicht ebenfalls angesprochen zu werden. Hinter mir höre ich wieder: „Was hast du für einen Beruf?" Zum Glück weit weg. Ich kann sicherlich nicht gemeint sein. Ein Mann antwortet. „Elektriker", und lacht gehemmt. Warum? Ist es ihm unangenehm, Elektriker zu sein? Macht ihm eventuell sein Beruf keinen Spaß? Oder ist es ihm peinlich, mit einem kleinen körperbehinderten Jungen ein Gespräch zu führen? „Wo wohnst du?" „In Duisburg." „Was trinkst du am liebsten?" „Bier". Der Junge scheint zufrieden. Der Mutter sieht man die Anspannung an. Dem Mann sieht man die Entspannung an: „Uff, geschafft".

Ich konzentriere mich wieder auf die Flossentiere, erfreue mich am überwältigenden Farbspektrum der Doktorfische. Mir geht nicht aus dem Kopf, dass die Mutter sich offenbar für das Verhalten Ihres Sohnes schämt. Warum? Alle Besucher übersehen ihn geflissentlich. Die einzige Möglichkeit, Antworten auf seine ihn offensichtlich bewegenden Fragen zu geben ist es, die Menschen aus seiner niedrigen Position anzusprechen. Wenn sie ihn nicht hören wollen, muss er eben lauter nachfragen. Er kämpft für seine Fragen. Er kämpft um unsere Antworten.

Wieder bewundere ich die Farben, Formen und Bewegungsabläufe im Aquarium. Da, hinter mir, nicht zu überhören: „Was hast du für einen Beruf?" Ich bin gemeint, keine Frage. Ich drehe mich um und blicke in erwartungsvolle Augen. Ich gehe in die Hocke, und kann so direkt in sein Gesicht sehen. Er fragt mich direkt noch einmal „Was hast du für einen Beruf?". So eindringlich, als könnte ich es mir eventuell anders überlegen, wieder aufstehen und weggehen, ohne seine ihn so drängende Frage beantwortet zu haben. „Ich bin Unternehmensberater". „Was machst du als Unternehmensberater?" Wie immer fällt es mir nicht leicht, meinen Arbeitsinhalt in wenigen Sätzen zu beschreiben. Ich erzähle von Fabriken. Von Arbeiten, die die Menschen durchführen, von Fehlern, die sie dabei machen. Und natürlich von den Verbesserungen, die wir gemeinsam mit ihnen erarbeiten. Damit sie danach ihre Arbeit besser machen können. Der Junge hört ohne Unterbrechung zu. Mir kommt es vor wie eine Ewigkeit, doch spreche ich kaum zwei Minuten. Ihn scheint meine Beschreibung zu beschäftigen, hinter seiner Stirn sehe ich es förmlich arbeiten. Ich frage nach „Möchtest du noch mehr über meinen Beruf erfahren?" Er schüttelt den Kopf, ist noch viel zu sehr mit dem beschäftigt, was er gerade gehört hat.

Seine weiteren Standardfragen bleiben aus. Das ist mir sehr recht, denn auch ich trinke am liebsten Bier, und es wäre mir irgendwie schon sehr peinlich, dieses öffentlich vor allen mir fremden Aquarium-Besuchern zu bekennen. Ich verabschiede mich. Seine Mutter sieht mich dankbar an. Warum? Ich sollte dankbar sein für diese wenigen intensiven Minuten mit ihrem Sohn. Wir gehen weiter. Nach der langen Fisch-Beobachtung sind nun Kopf und Füße müde. Unsere Familie schleppt sich – der Vollständigkeit halber – auch noch an den Reptilien vorbei. Auf dem Parkplatz sehe ich den Jungen wieder. Das Autokennzeichen zeigt, dass er aus unserer Stadt kommt. Wir fahren nach Hause. Schade, dass ich ihn nicht nach seinem Namen gefragt habe.

25. April 2005

Amerika. Ein kurzer Trip über den Atlantik zur Analyse von zwei Werken unseres Kunden. Sechs Tage liegen vor uns. Mehr Reise- als Arbeitszeit. Unser Ziel erreichen wir nach drei Flügen und knapp vier Stunden Autofahrt um fünf Uhr morgens unserer Zeit. Bis hierher vierundzwanzig Stunden fast ohne Schlaf. Fahrlässig. Und jetzt muss der Körper von hundert auf null, denn sieben Stunden später klingelt der Wecker, und unser Workshop beginnt.

Als ich im Vorfeld Freunden von der Reise erzähle, finden sie es toll und aufregend. Ich finde es gerade ziemlich anstrengend und schlauchend. Der erste Standort ist ein Dorf. Zwar wie überall in Amerika großzügige, breite Straßen. Riesige Kreuzungen. Aber es gibt nur ein relativ einfaches Restaurant. Eine Tankstelle und einen kleinen Supermarkt. Alles in allem: Trotz drumherum schöner Natur trostlos. Aber wir sind ja auch nicht zum Vergnügen hier.

Reisen im Konzern
Laut der firmeninternen Richtlinie gilt für eine Reise dieser Art das Anrecht auf einen Flug in der Business Class. Unsere direkte Führungskraft versucht mit allen Mitteln,

den Sitz im vorderen Teil der Kabine zu verhindern. Warum? Weil die Aufwände für diese Aktivitäten eine Akquisition darstellen. Konkret: Der Kunde bezahlt dafür Null Euro. Zero. Wir tragen die vollen Kosten. Unser Kunde fliegt mit seinem Team übrigens in der Business Class. Die wesentliche Begründung dafür: Wenn die Mitarbeiter nach einem ganzen Tag Anreise und einer Zeitverschiebung von sieben Stunden direkt aktiv in Workshops volle Leistung zeigen müssen, sollten sie auch so ausgeruht wie möglich am Ziel ankommen. Meine Worte.

Nach langen Diskussionen wird am Ende auch unser Team vorne sitzen dürfen. Warum? Weil wir ebenfalls so ausgeruht wie möglich ankommen sollen? Nein. Weil inzwischen das Economy-Ticket genauso teuer ist wie der günstigste Sitz in der Business Class. Angeblich. Es bleibt ein fader Nachgeschmack. Warum versuchen die Manager entgegen geltenden Richtlinien zu handeln. Kosteneinsparungen auf den Rücken der Mitarbeiter durchzudrücken. Und warum müssen wir für die Einhaltung der offiziellen Unternehmensstatuten kämpfen?

26. April 2005

Am nächsten Morgen an der Hotelrezeption. Ich erkundige mich nach einer Einkaufsgelegenheit, denn ganz ohne Souvenirs kann ich nicht nach Hause zurückkommen. Die nette Dame am Empfang meint, dass es in der gesamten Umgebung eigentlich keine *richtige* Einkaufsmöglichkeit gibt. Doch dann hellt sich ihr Gesicht auf, und sie beschreibt die grandiosen Shopping-Malls in der nächsten großen Stadt. Diese ist einhundertsechzig *(160!)* Kilometer entfernt! Einhundertsechzig Kilometer fahren, um eine attraktive Einkaufsgelegenheit vorzufinden – und natürlich die gleiche Strecke wieder zurück! Für unsere Verhältnisse unvorstellbar. In den USA offenbar durchaus normal.

147

27. April 2005

Der nächste Morgen. Heute hat eine andere nette Dame Dienst hinter dem Empfangstresen. Ich erkundige mich bei ihr nach dem weltberühmten Wahrzeichen in der nächsten Großstadt. Ob es dort in der Nähe eventuell Parkmöglichkeiten gibt. Vielleicht könnten wir morgen auf dem Rückweg zum Flughafen etwas Zeit gutmachen, und uns dieses kulturelle Highlight gönnen! Ihre überraschende Antwort: „Sorry – but i don´t travel!" Wie kann man es nur in diesem „Dorf" aushalten, ohne wenigstens ab und zu einmal in eine richtige Stadt zu fahren? Zwei Gespräche, zwei etwa gleichalte(junge) Frauen im gleichen Beruf, zwei völlig unterschiedliche Mentalitäten und Sichten. Faszinierend.

30. April 2005

Freitagmittag. Der geschäftliche Teil der Reise ist beendet. Am Flughafen in Charlotte trennen sich unsere Wege. Das Projektteam fliegt gleich zurück nach Deutschland. Ich werde noch bleiben, und am Wochenende Freunde in Texas besuchen. Die Workshop-Tage waren extrem anstrengend, ich habe mir einen heftigen Infekt eingefangen. An meinem Ziel steige ich mehr krank als gesund aus der Maschine. Habe Schweißausbrüche. Schaffe es kaum ins Auto unserer Freunde, die mich am Flughafen abholen. Falle nach einem kurzen Abendessen todmüde ins Bett. Zumindest am Samstag bin ich wieder einigermaßen fit, genieße die kurze gemeinsame Zeit.

Wir kennen uns durch mein Praktikum, schreiben uns inzwischen seit siebzehn Jahren. Telefonieren auch ab und zu. Unsere Freunde haben zwei Jungens. Jetzt vierzehn und sechzehn Jahre alt. Beim Abendessen fragen mich die beiden, aus welchem Bundesstaat ich kommen würde. Sie meinen: Aus welchem *AMERIKANISCHEN* Bundesstaat. Ich bin entsetzt. Über zwei Dinge. Erstens: Warum wissen die beiden nicht, dass ich aus Deutschland komme? Haben ihre Eltern ihnen nie von unserer Freundschaft und meiner

Herkunft erzählt? Und zweitens: Warum erkennen sie nicht an meinem Akzent, dass ich kein einheimischer US-Bürger bin? In Frankreich, in Italien, in Portugal – nirgendwo in Europa würde mir eine solche Frage gestellt werden. Amerika ist so unglaublich anders ...

20. Juni 2005

Bei meinem Automobilzulieferer ist den amerikanischen Eignern bereits seit langem unsere in Europa eingesetzte Software ein Dorn im Auge. Einen plausiblen Grund kann ich nicht erkennen. Aber es ist ein Dorn. Aus meiner Sicht wäre es natürlich ideal, wenn sich mein Kunde für SAP entscheiden würde. Macht er aber nicht. Für ihn kommt nur ein amerikanisches Produkt in Frage. Kleiner Tipp: Es fängt mit „O" an. Für uns beginnt damit die „Geschichte der O"[35]: Man versucht uns zu unterwerfen. Allerdings abweichend zum Film verspüren wir keine sadomasochistischen Anwandlungen ...

Nach zwei in den vergangenen zwölf Monaten bereits erfolglosen Anläufen zündet man jetzt Versuchsrakete Nummer drei. In einer Intensivschulung wollen uns extra eingeflogene amerikanische „O"-Softwareexperten die Prozesse im System vorstellen, alle Fragen beantworten. Um damit den Weg freizumachen, „O" baldmöglichst einführen zu können.

Für drei Tage treffen wir uns im „O"-Büro in der Nähe von Budapest. Wir beginnen die Schulung mit einem der Herzstücke innerhalb der Prozesskette: Der Auftragsannahme. In Europa erhalten wir die aktualisierten Daten der tagesgenauen Bestellmengen von den Automobilherstellern

---

[35] „Die Geschichte der O": Liebesfilm von 1975. Grundlage ist der Roman von Dominique Aury. Geschildert werden die Erlebnisse einer weiblichen Unterwerfung.

täglich per EDI[36]. In Amerika normalerweise wöchentlich. In einem Werk meines Kunden in Amerika erfasst *eine* Mitarbeiterin die Daten manuell in deren System. Nur die (wenigen) Änderungen. *Einmal* wöchentlich. Es gibt kaum Änderungen in den Tagesbedarfen. Amerika ist ein Verkäufermarkt. Was auf dem Hof der Händler steht, wird exakt so an die Kunden verkauft. Europa ist ein Käufermarkt. Der Großteil der hier verkauften Fahrzeuge wird vom Kunden individuell konfiguriert. Erst dann wird produziert. Komplett anders als in den USA. Das haben leider die amerikanischen Verantwortlichen bis heute nicht verstanden.

Doch zurück zum Kundenauftrag. Bei uns kommen also die Auftragsdaten täglich. Mit vielen Änderungen. Und durchaus großen Schwankungen von Tag zu Tag. Darauf sind wir softwaretechnisch eingestellt. Die Daten werden in sogenannte Kundeneinteilungsaufträge eingelesen. Vollautomatisch. Ein Einteilungsauftrag besteht aus nur einem Artikel für einen Kunden. Hat dafür aber Dutzende Tagestermine mit den jeweils tagesgenau benötigten Mengen. Wir fragen den O-Berater nach dieser Auftragsart. Er versteht uns nicht. Wir erklären es erneut. Und blicken in ein verständnisloses Gesicht. Eine halbe Stunde später müssen wir nach intensiver Diskussion zur Kenntnis nehmen, dass O diese Funktion nicht kennt. Für uns ein definitives K-„O"-Kriterium.

Der europäische IT-Manager meines Kunden verwickelt den IT-Leiter und mich für den Rest des Tages in eine Endlosdiskussion. Warum wir denn nicht mit der von O angebotenen Standardfunktionalität zurechtkommen würden? In

---

[36] EDI (Electronic Data Interchange): Ersetzt Papier-Dokumente durch elektronischen Datenaustausch. Die unterschiedlichen Industrien verwenden verschiedene Standardformate. Sender und Empfänger verstehen daher genau den Inhalt der übermittelten Daten.

Amerika würde es doch schließlich auch funktionieren. Welche „Workarounds" denn möglich wären. Keine. Null Kompromissbereitschaft. Mein Pendant und ich sind uns zum Glück einig. Mit diesem Funktionsumfang wird es auch im dritten Anlauf nicht weitergehen.

Der O-Berater ist ernüchtert. Seine Software kann eine zentrale (europäische) Anforderung nicht abbilden. Der europäische IT-Manager ist sauer. Nicht auf die unzureichende Software. Sondern auf uns. Weil wir so unflexibel erscheinen. Keine Flexibilität erkennen lassen. Wir sind überrascht und entsetzt. Überrascht vom geringen Wissen der O-Berater über ihre Zielmärkte. Entsetzt über die mangelnde Einsicht der verantwortlichen Kundenmanager.

__Beruf und Privat__

An diesem Tag fechten der Europa-Manager und ich wieder einmal einen Kampf aus. Es ist nicht der erste. Ihn stört seit langem die tiefe Detailkenntnis eines Externen und die damit verbundene – zumindest von ihm so empfundene - Abhängigkeit. Gleichzeitig haben wir uns in den vielen Diskussionsrunden schätzen gelernt. So gibt es neben den beruflichen Reibereien dann und wann auch einen privaten Gedankenaustausch. Am heutigen Abend unterhalten wir uns über unsere Familien. Er erkundigt sich nach dem „Groß werden" unseres Nachwuchses. Ich berichte. Er hört aufmerksam zu. Im Anschluss eröffnet er mir eine mir bis dahin unbekannte Weisheit: „Hubertus. Listen. Girls are little women from the first day on. Boys are dumb until they are eighteen. Give them Food. Give them Toys. And they'll be happy." Ich verspreche ihm, das fortan zu beobachten. Bis heute kann ich seine Aussage nur bestätigen.

---

10. August 2005

Rückfahrt nach einem langen Projekttag mit der Deutschen Bahn. Ich steige frohen Mutes in den Zug. Mit mir eine ältere Dame, die sich im gleichen Wagen schräg gegenüber von mir niederlässt. Ich packe meine Arbeitsunterlagen aus und beginne mit einigen Überlegungen. Auf der anderen Seite entspannt sich ein unüberhörbares Gespräch zwischen der älteren Dame und ihrer Sitznachbarin. Innerhalb weniger Minuten kenne ich die Todesursache und den vorhergehenden Leidensweg ihres Mannes. Ihre aktuellen finanziellen Verhältnisse und sämtliche ihrer Kinder mit Vornamen, Berufen und Ehestand. Der Sohn ist glücklich geschieden („seine Frau, das war vielleicht eine, das können sie sich nicht vorstellen"), die Tochter unglücklich verheiratet und noch unglücklicher mit ihrem Liebhaber.

Die Lautstärke der beiden Damen erreicht einen Pegel, der den gesamten Waggon erfüllt. Ich bin genervt. Kann mich nicht auf meine Dinge konzentrieren. Dem Gespräch entnehme ich, dass die ältere Dame in Kassel umsteigen muss. Hurra! Wie weit ist es noch bis Kassel? Viel zu weit. Aber absehbar. Der Zug verlangsamt bei der Einfahrt zum nächsten Bahnhof. Die Sitznachbarin schreit plötzlich auf. „Hier müssen sie aussteigen!" Und genau jetzt entsteht mein Gewissenskonflikt: Der nächste Halt ist definitiv *nicht* Kassel. Die ältere Dame erhebt sich bereits, ordnet ihr Gepäck in Richtung Ausgang. Einerseits jubiliere ich – endlich wieder Ruhe im Abteil! Andererseits – kann man so seine Mitmenschen ins Unglück laufen lassen?

Ich bin hin- und hergerissen. Engelchen und Teufelchen. Die ältere Dame nimmt mir die Entscheidung ab. Aus dem Waggon heraus liest sie die Schilder auf dem Bahnsteig. Erkennt, dass dies hier (noch) nicht Kassel ist. Sie nimmt wieder ihren Platz ein – „dann können wir uns ja schön weiter unterhalten". Das Geratsche geht in unverminderter

Lautstärke weiter – noch eine volle Stunde. Erneut: Thank you for travelling Deutsche Bahn!

14. November 2005

Ein neuer Kunde. Ein Handelshaus. Es möchte von uns gerne eine unabhängige Schwachstellenanalyse durchführen lassen. Für mich ist das der erste berufliche Kontakt mit einem Großhändler. Das Unternehmen ist in den vergangenen Jahren überdurchschnittlich gewachsen. Hat seine vormals eigen betriebenen Läger an Logistik-Dienstleister „outgesourct". Wir sollen die Infrastruktur, die vereinbarten Service-Level sowie die prozessuale Integration analysieren und bewerten. Von den ersten beiden Punkten verstehe ich nichts. Diese Themen werden Kollegen übernehmen. Mein Analysebereich werden die Prozesse zwischen dem Handelshaus und den angebundenen externen Lägern sein.

Das Unternehmen gliedert sich in knapp zehn Sparten. Die Läger werden von einer Handvoll logistischer Dienstleister betreut. Eine der Sparten lagert ihre Handelsware sogar bei zwei unterschiedlichen LSPs[37]. Ich führe daher meine Interviews sowohl mit den Vertriebsmitarbeitern der jeweiligen Sparten als auch mit den Verantwortlichen der Logistik-Dienstleister.

Mir bietet sich (für 2005) ein erschreckendes Bild: Nahezu alle Prozesse werden manuell zwischen den involvierten Parteien abgewickelt. Erhält der Dienstleister einen Wareneingang von einem Lieferanten, meldet er diesen per Fax[38]

---

[37] LSP: Logistic Service Provider = Logistischer Dienstleister = LDL; im Englischen auch oft als 3PL (third party logistics) bezeichnet.

[38] Fax, Telefax, faxen: Dokumentenübertragung. Das Schriftstück wird beim Sender eingelesen, dann im Pixelformat über das analoge Telefonnetz an den Empfänger übertragen und ausgedruckt. Gab es um 1980 in Deutschland nur wenige Tausend Anschlüsse, stieg die Zahl innerhalb eines Jahrzehnts auf über eine Million. Inzwischen nahezu ausgestorben. Ein weiterer Dinosaurier.

oder E-Mail an die Logistikabteilung meines Kunden. Dort wird dann der Wareneingang von Hand im hauseigenen IT-System gebucht. Abweichungen durch die doppelte, parallele Erfassung sind vorprogrammiert. Es entstehen permanent Bestandsdifferenzen, die mühsam zwischen den Beteiligten nachvollzogen und bereinigt werden müssen. Das manuelle Prozedere gilt gleichsam auch für die Versandabwicklung. Hier muss dringend eine datentechnische Integration konzipiert und implementiert werden. Wir werden dafür einen Folgeauftrag erhalten.

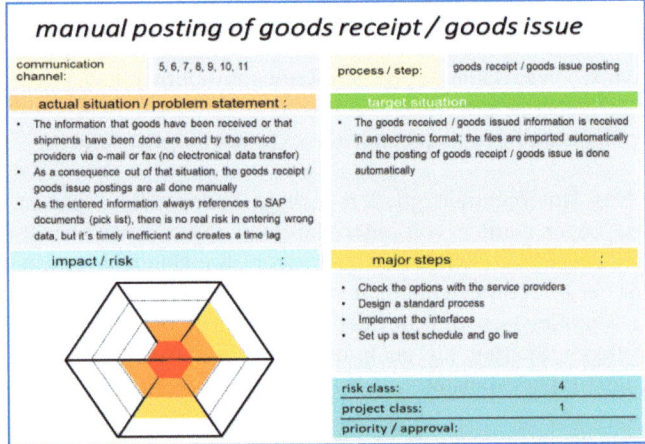

23. November 2005

Unser Unternehmen lädt zur einer RFID[39] - Tagung. Diese neue Technologie wird derzeit überall als *der* Hype gefeiert. Informationen überall und jederzeit. Datentransfer ohne jedwede manuelle Tätigkeit. Wir stellen gemeinsam mit Partnern unseren Kunden Anwendungsfälle vor.

---

[39] RFID: Radio-Frequency IDentification: Technologie für Sender-Empfänger-Systeme zum berührungslosen Erkennen von Objekten über Radiowellen. Der auf (oder an) dem Objekt befindliche Transponder sendet seine Daten an ein Lesegerät.

- **Fall 1**

  Ein Unternehmen erhält von einem seiner Lieferanten eine Palette mit unterschiedlichen Produkten. Der Mitarbeiter schiebt die Palette durch ein „Tor", in das elektronische Lesegeräte eingebaut sind. Die RFID-Plaketten auf den Kartons des Lieferanten senden ihre Daten an das „Informationstor". Dieses versorgt das Warenwirtschaftssystem mit den erhaltenen Daten. Im System werden die Wareneingänge zu den gemeldeten Produkten der Palette automatisch gebucht. Ohne eine einzige manuelle Tätigkeit. Abgesehen von dem Lagermitarbeiter, der die Palette per Hubwagen oder Gabelstapler durch das Tor fahren muss. In der Theorie faszinierend.

- **Fall 2:**

  Ein Endkunde – im Beispiel von 2005 tendenziell weiblich – entdeckt in einem Modehaus einen interessanten Rock. Sie möchte wissen, ob es dazu gegebenenfalls empfohlene Kombinationen gibt – eine passende Bluse, einen passenden Blazer. Sie nimmt den Rock, hält das Etikett mit dem RFID-Chip vor ein Lesegerät. Auf einem Bildschirm über dem Leser werden der potenziellen Kundin Kombinationsprodukte empfohlen. Mit der Übersicht aller aktuell im Geschäft vorrätigen Größen dieser Modelle. Auf Knopfdruck erhält sie den Hinweis, in welchem Bereich der Ladenfläche sie diese Artikel finden kann. Auch faszinierend. Die Überleitung der Internet-Shop Kaufanreize („Kunden, die diesen Artikel kauften, haben sich auch für diese Produkte interessiert") in den „analogen" Einkaufsprozess. Nur eben mit digitaler (RFID-) Unterstützung.

Der RFID-Hype wird uns mehrere Jahre begleiten. Ich kann mich nicht erinnern, dass wir in unserem Bereich konkrete Projekte mit dieser Technologie umgesetzt hätten.

Offenbar gibt es auch hier Spezialisten im Markt, denen man mehr Vertrauen als uns schenkt.

Fünfzehn Jahre später werden wir über diese Technologie nicht mehr als besonderes Thema sprechen. Sie ist einfach da. Wird verwendet in den Transpondern für die Verkehrsmaut. In unseren EC-Karten für die berührungslose Datenübertragung bei der Bezahlung. In unseren Reisepässen. Nutztiere bekommen sie implantiert. Und im Drogeriemarkt bimmeln die Alarmglocken, wenn der Chip am mittel- bis hochpreisigen Parfüm nicht an der Kasse deaktiviert wurde.

28. November 2005

Ein sehr wichtiger Tag bei meinem Automobilzulieferer. Wir starten heute mit einer neuen Methode und einem neuen Tool für seinen größten Kunden, mit dem über ein Viertel des Gesamtumsatzes erzielt wird. Worum geht es dabei: Die Automobilbranche verwendet seit mehreren Jahren zur Bezahlung der meisten Lieferanten ein sogenanntes Gutschriftsverfahren. Mein Zulieferer hat diese Entwicklung unterschätzt, sich nicht intensiv mit den Anforderungen und Konsequenzen auseinandergesetzt. Bei dem Besuch des kaufmännischen Leiters bei seinem Hauptkunden wurde ihm vor sechs Monaten ein fast eintausend Seiten starker DIN A3 Ausdruck auf den Tisch gelegt. Jede gedruckte Zeile darauf stellt entweder einen Anspruch oder eine Forderung dar. In Euro. Alles jeweils nur Centbeträge. Aber am Ende der Liste steht ein siebenstelliges Guthaben meines Kunden, das er bisher nicht eingefordert hat. Weil er bis gerade gar nicht wusste, dass es ihm zusteht.

Gutschriftsverfahren
Üblicherweise sendet der Lieferant seine Rechnung an den Kunden. Beim Gutschriftsverfahren ist es genau umgekehrt: Der Kunde erhält seine Ware, sendet dem Lieferan-

> ten eine Gutschriftsanzeige (englisch: Self Billing Invoice /
> SBI). Diese ersetzt somit die Lieferantenrechnung. Die
> Herausforderung beim Lieferanten liegt dabei in der Identi-
> fikation seiner Lieferung in der erhaltenen SBI, dem an-
> schließenden Preisabgleich. Und natürlich möglichen Dif-
> ferenzklärungen.

Bei Beträgen dieser Größenordnung kommt schnell eine hohe Dynamik in die weiteren Schritte. Wir haben den Auftrag erhalten, ein Konzept für die korrekte Abwicklung des Gutschriftsverfahrens auszuarbeiten, und es gemeinsam mit einem kundeneigenen Programmierer umzusetzen. Im konkreten Fall haben wir es mit zwei wesentlichen Herausforderungen zu tun:

- **Mengenvolumen**
  Unser Kunde liefert vormontierte Komponenten fahrzeugspezifisch (also für das individuelle Auto) an das Montageband des OEM. Das angelieferte Produkt besteht im Mittel aus circa vierhundertfünfzig (450) Komponenten, die jeweils einzeln bepreist sind. Am Tag werden circa achthundert (800) Fahrzeuge hergestellt. Der Dateninhalt einer Gutschriftsanzeige eines Tages enthält somit rund 360.000 Einzelpositionen. Da die elektronischen Anzeigen üblicherweise alle drei bis vier Tage versendet werden, müssen die Programme beim Abgleich jeweils über eine Million Datensätze verarbeiten können.

Wir haben einen genialen Programmierer! Nach drei Wochen Konzeption erkennt er die Herausforderung der „großen Zahlen", wirft sein ursprüngliches Datenbankkonzept komplett über den Haufen, und beginnt seine Arbeit von vorne. Es wird sich auszahlen: Ein Abgleich (wir nennen es neudeutsch „matching") wird zukünftig in fünf bis fünfundzwanzig Sekunden durchlaufen. In dieser Zeitspanne vergleicht der Algorithmus unseres Programmierers eine Million Kundeninformationen mit einer Million eigener Informationen, und identifiziert die Abweichungen.

- **Variabilität der Preise**

  Werden neue Komponenten bereits geliefert, ohne dass die zugehörigen Preisverhandlungen abgeschlossen sind, bezahlt der Kunde einen „vorläufigen" Preis. Für uns Normalverbraucher etwas ungewohnt[40], in der Automobilindustrie völlig normal. Auf der Lieferantenseite muss es also die Möglichkeit geben, unterschiedliche „Qualitäten" von Preisen zu hinterlegen. Die in dieser Phase übermittelten Gutschriften treffen auf den temporär vereinbarten Übergangspreis. Temporäre Forderung wird durch temporäre Gutschrift ausgeglichen.

  Ist später der „richtige", finale Preis vereinbart, sendet der Kunde entweder eine positive oder negative Gutschriftsanzeige. Positions-, Fahrzeug-, Komponentenbezogen. Ist man sich vier Wochen (zwanzig Arbeitstage) nach Start der Lieferungen preislich einig, erhält der Lieferant somit in der nächsten Gutschriftsanzeige rund siebenkomma-

---

[40] Überlegen Sie kurz, Sie würden einen neuen Fernseher kaufen. Sie nehmen ihn auch schon mal mit nach Hause. Zahlen beim Erhalt dreihundert Euro. Wochen später werden Sie sich nach mehreren Verhandlungsrunden abschließend mit dem Händler einig. Sie bezahlen fünfzehn Euro zusätzlich. Oder Sie bekommen zehn Euro retour. Undenkbar, oder? Aber so funktioniert es in der Zulieferindustrie.

zwei *(7,2!)* Millionen Korrekturdatensätze. Dauern die Verhandlungen acht Wochen … man kann es hochrechnen. Wie bereits zuvor gesagt: Im Regelfall Centbeträge. Aber Kleinvieh macht ja bekanntlich auch Mist.

Ein ähnliches Bild ergibt sich bei Preisverhandlungen für bestehende Artikel. Auch hier werden die neuen Preise üblicherweise rückwirkend vereinbart. Die Differenzrechnungen erzeugen dann ebenfalls riesige Datenmengen, die es positionsbezogen zuzuordnen und auszuziffern gilt.

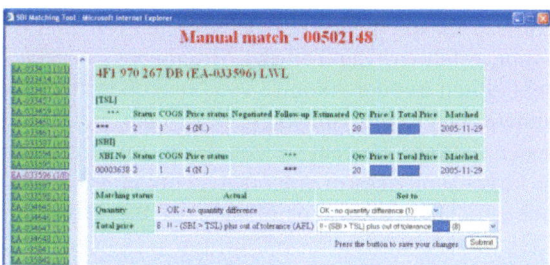

Auch hier schlägt wieder unser genialer Programmierer zu. Anstatt die bestehenden Liefer- und Zahlungsdokumente permanent zu überschreiben, generiert er für jede Veränderung eine Kopie der ursprünglichen Zeile, die dann die Veränderungen trägt. Somit ist für jeden Einzelbeleg die komplette Historie eindeutig und korrekt nachvollziehbar.

Als wir die Arbeit an unserem Konzept starteten, hatten wir den Fokus gedanklich auf Mengenabweichungen. Was passiert, wenn wir elf Stück geliefert haben, der Kunden aber nur zehn bezahlt. Nie wäre mir in den Sinn gekommen, die Herausforderung in den Preisabweichungen, und vor allem in den „Preisqualitäten" zu vermuten. Wir durchlaufen im Projektteam eine unglaubliche Lernkurve. Umgesetzt in den ab heute genutzten Abläufen und dem unterstützenden Tool wird mein Zulieferer ab sofort keinen Cent mehr unerkannt lassen.

Dezember 2005
Ein Vergleich mit dem Vorjahr zeigt, dass die Reisetätigkeit für meinen süddeutschen Zulieferer ziemlich konstant ist: Nach siebenundzwanzig Flugreisen in 2004 bin ich im ablaufenden Jahr sechsundzwanzig Mal vor Ort gewesen.

24. Januar 2006
Mein Kunde aus der Versorgungsbranche hat einen neuen Auftrag für mich. Der Vertriebsbereich soll eine Umorganisation erfahren. Ein Teil der Mitarbeiter ist zukünftig ausschließlich mit der Akquise von Neukunden beschäftigt, der andere Teil übernimmt diese nach dem ersten abgeschlossenen Auftrag. Betreut sie von da an. Im Englischen ist diese Organisationsform unter dem „Hunter & Farmer" Prinzip bekannt. Und genauso heißt auch der Workshop.

Ähnlich wie beim letzten Workshop werden wir gemeinsam an Tag eins und Tag zwei zusammenarbeiten. An den Tagen drei und vier wird der Kunde eigenständig die bis dahin erzielten Ergebnisse fortführen. Beim Vorgespräch hatte ich bereits die Hintergrundinformation erhalten, dass die zukünftigen Hunter und Farmer grundsätzlich mit der neuen Rollenverteilung einverstanden sind. Der Knackpunkt ist der Übergabezeitpunkt des Neukunden vom Jäger zum Landwirt. Daran werden wir schwerpunktmäßig an Tag eins arbeiten.

Unser Tagungshotel liegt im Grünen. Jot weh deh. JWD. Janz weit draußen. Keine Ablenkungen während des Tages. Auch das Mobilfunknetz arbeitet nur im Sparmodus. So starten wir am Morgen konzentriert und ohne Störungen in die Workshops. Zuerst erarbeiten wir mit den Huntern das

Anforderungsprofil. Besprechen die Abläufe, wie der Neu-
kunde den ersten Auftrag platziert. Welche Stationen
durchlaufen werden. Und wie dann die Übergabe an die
Farmer erfolgt. Nein. Genau das besprechen wir nicht.
Denn aus Sicht der Hunter gibt es per heute eine Lücke
zwischen den beiden Teams. In die möchte keiner der beiden freiwillig hinein. Zumindest sehen die Hunter die Farmer hier in der Pflicht.

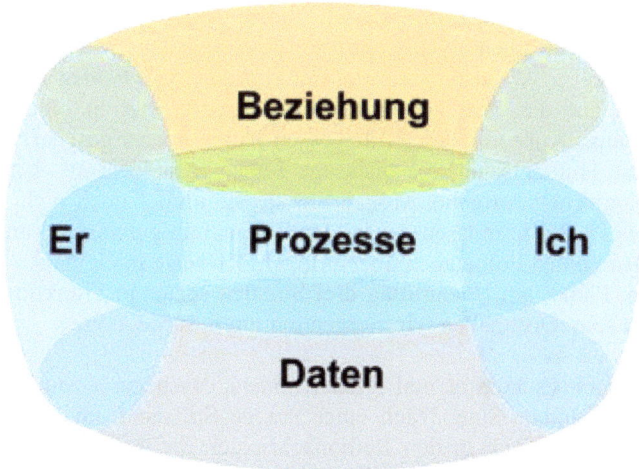

Im Anschluss das gleiche Prozedere mit den Farmern. Wo
greifen sie den Prozess auf? Nach einer nicht definierten
Lücke, in deren Verantwortung sie die Hunter sehen. Diesen gordischen Knoten müssen wir durchschlagen.

Mein persönliches Bild ist klar: Das Bindeglied kann nur
eine Hunter-Aufgabe sein. Morgen werden wir es ausdisku-
tieren. Doch jetzt geht es erst einmal ans Abendbuffet, und
vorn dort nahtlos an die Bar. Mann, können die alle feiern!
Auch wenn im Workshop einige Differenzen zwischen den

161

Teilnehmern sichtbar waren, verschwimmen diese zunehmend in der guten Laune zwischen Bier und Erdnüssen. Leider muss ich mich als Moderator und Trainer des morgigen Tages gegen dreiundzwanzig Uhr aus der Partymeile verabschieden. Ich bin der erste.

Der nächste Morgen. Wer Feste feiern kann, kann auch feste arbeiten. Stimmt. Zumindest fast. Einige Teilnehmer sehen doch ein wenig übernächtigt aus. Schwächeln. Dennoch. Wir haben ein Ziel, nehmen daher die Diskussion vom Vortag dort auf, wo wir stehengeblieben waren. An der zukünftigen „Nahtstelle" zwischen den Jägern und den Farmern. Wir argumentieren uns sehr hart von beiden Seiten auf das Ziel zu. Farmer und Hunter jetzt in einem Raum. Kurz vor dem Mittagessen haben wir es geschafft! Die Hunter sehen die bisherige Lücke zumindest als ihre „logische" Aufgabe. Mögen tun sie sie immer noch nicht. Diese Hürde müssen die beiden Teams nun gemeinsam an den beiden Folgetagen überspringen. Ich setze mich ins Auto. Plane, am Nachmittag drei Stunden später in Frankfurt zu sein. Dort haben wir morgen ein internes Meeting.

Doch es kommt mal wieder anders. Nach einer Stunde freier Fahrt: Stau. Nach einer Stunde Stillstand am exakt gleichen Fleck in den Radionachrichten die Ansage einer Vollsperrung auf diesem Abschnitt. Es ist bereits dunkel, kalt. Da ich nicht abschätzen kann, ob und wenn ja wann es überhaupt weitergeht, lasse ich den Motor nur in Abständen kurz an, um zumindest etwas Wärme in den Innenraum zu bekommen. Ich stehe weitere vier Stunden. Dann löst sich der Stau langsam auf. Weit nach Mitternacht komme ich im Hotel in Frankfurt an.

Besonders viel Energie habe ich am Folgetag nicht. Freue mich daher, als es am Nachmittag endlich in Richtung Heimat geht. Im starken Berufsverkehr auf dem Kölner Ring fängt mein Auto plötzlich an zu hoppeln. Was ist das jetzt schon wieder? Auf dem Standstreifen sehe ich: Ein Platter hinten links. Super. An der Fahrbahnseite. Auch das noch. Eine halbe Stunde später ist mein Reifen gewechselt, und mein Anzughemd mit öligen Flecken ruiniert. Eineinhalb Tage aus der Rubrik „Wenn's läuft, dann läuft's …".

12. Februar 2006

Eine nicht untypische Beraterwoche liegt vor mir. Sie startet diesmal bereits am Sonntagabend. Anreisen am Wochenende liegt mir nicht. Es macht den Familien- und Erholungstag unruhig. Nimmt gemeinsame Zeit. Aber ab und zu ist es notwendig.

- **Sonntag**
  Am späten Nachmittag Flug nach Süddeutschland. Da wir am Montag mit einem neuen Programm und neuen Abläufen bei meinem Zulieferer starten, will ich morgen früh bereits gegen sieben Uhr vor Ort sein. Kurzer Abendspaziergang zu meiner hiesigen Lieblingsburg.

- **Montag**
  Wir nehmen die neuen Prozesse in Betrieb. Bis auf einige kleinere Fehler, die wir schnell lokalisieren und beheben können, verläuft alles reibungslos. Den Mitarbeitern helfen wir bei den wenigen Sonderfällen, die in den bisherigen Trainings noch nicht im Detail besprochen wurden. Am Nachmittag verlasse ich meinen Zulieferer, nehme den Zug nach Kassel.

- **Dienstag**
  Für meinen Versorgungskunden führe ich einen Folgeworkshop durch. Meine Rolle: Moderator. Moderation ist anstrengend. Ich bin müde, als ich um sechzehn Uhr in den Zug nach Frankfurt steige. Von dort fliege ich nach Dublin. Ein Fahrer holt mich am Terminal ab, bringt mich in einer gu-

ten Stunde an die Grenze zu Nordirland. Ankunft im Hotel kurz vor Mitternacht.

- **Mittwoch**
  Die kommenden drei Tage analysieren wir ein kleineres Produktionswerk eines Schwesterunternehmens meines Zulieferers. Es soll geprüft werden, ob wir hier gegebenenfalls kurzfristig unsere bestehende Software einführen können. Die vorhandene wird vom Hersteller nur noch wenige Monate gewartet.

  Mit der „Quick-Scan"-Methode folgen wir den Material- und Informationsflüssen. Unser Fazit am Freitagmorgen: Innerhalb weniger Monate wäre unsere Software für die analysierten Geschäftsprozesse einsatzfähig.

- **Freitag**
  Der Fahrer bringt mich am Mittag zurück nach Dublin. Am Flughafen holt mich meine Kusine ab. Sie arbeitet für drei Jahre hier, und freut sich über das Wiedersehen. Es beginnt der entspannende Teil der Reise. Wir fahren ans Meer, essen in einem kleinen Fischerdorf Fish & Chips. Wandern ein Stück die Küste entlang. Dann geht es zurück zum Flughafen, und mit der Abendmaschine nach Hause.

Derartige Wochen machen mir Spaß. Permanent in Bewegung sein. Dauernd neue Eindrücke, andere Menschen. Orte, an denen ich bisher noch nicht war. Allerdings möchte ich diese Form von Stress nicht jede Woche bewältigen müssen. Ein-, zweimal im Quartal ist OK. Man merkt sehr schnell, dass das folgende Wochenende zu kurz für ein ausreichendes Aufladen der Batterien ist. Dennoch. In solchen Wochen liegt für mich der Reiz des Beraterlebens.

25. Februar 2006

Karneval. In unserem Nachbardorf findet wie in jedem Jahr der kleine, überschaubare Vorortsumzug statt. Wir lieben ihn. Sind seit Jahren begeisterte Besucher am Straßenrand. Diesmal haben wir uns mit einigen Vätern verabredet, im Zug mitzugehen, und auf die Kinder aufzupassen. Wir treffen uns am Aufstellplatz der Karnevalisten. Ich trage meinen obligatorischen Schlapphut und einen dunkelblauen Filzumhang. Als was ich verkleidet bin? Ich weiß es nicht.

Die drei anderen Väter sind bereits da. Auch mehr oder weniger kostümiert. Einer scheint Zug-Profi zu sein: Neben ihm steht ein Bollerwagen. Interessiert schaue ich hinein. Sehe mehrere Tupper-Dosen. Und eine Palette Kleiner Feigling. Oder so was ähnliches. Ich frage nach. Was sich in den Dosen befindet. Begeistert öffnet der Vater sie und präsentiert den Inhalt. Salamiwürfel. Käsewürfel. Saure Gurken. Komisch. Bin ich bei der falschen Veranstaltung? Der Laufweg dauert nach meiner Kenntnis knapp über zwei Stunden. Den vor mir liegenden Nahrungsvorrat würde ich für unsere Familie nicht einmal für eine ganztägige Bergwanderung einpacken. Nun denn. Vielleicht bleibt der Zug ja irgendwo ungeplant fernab jeglicher Versorgungsmöglichkeiten stecken. Und wir sind alle noch froh über die umfangreiche Verpflegung.

Wann geht es endlich los? Wir warten und warten. Um die Zeit zu verkürzen, greift der Bollerwagen-Vater zu den Kleinen Feiglingen. Drückt jedem von uns einen in die Hand. Ich lehne dankend ab. Zwanzig Prozent Alkohol in der Mittagssonne ist mir selbst in kleinen Dosierungen zu viel. Unverständnis in den Gesichtern. Die beiden anderen Väter nehmen an. Das Trio stellt sich jetzt in einem nahezu gleichseitigen Dreieck auf, und vollführt eine Art Regentanz. So oder so ähnlich müssen es damals die Schamanen gemacht haben. Sie setzen die Flasche an die Lippen, halten sie mit selbigen, und vollführen dann einige Folgebewegungen. Sieht nach einer viel geübten Choreografie aus. Bevor sie dann auf Kommando die Köpfe in den Nacken legen. Nun läuft die Likörsuppe in die Gedärme. Ein Schlachtruf beendet die Zeremonie. Was für ein Vorbild für die minderjährigen Zugteilnehmer, von denen zumindest einige den Regentanz interessiert beobachten. Sollte diese Prozedur dem Zweck gedient haben, den Start des Karnevalszugs herbeizutrinken: Es hat gewirkt. Die vordersten Wagen und Fußgruppen setzen sich in Bewegung.

Einige Jahre später wird dieser schöne Vorortszug für mehrere Jahre eingestellt. Der Grund: Am Ende des Zugweges haben sich in den letzten beiden Jahren, in denen der Zug stattfand, Jugendliche zu Saufgelagen verabredet. Neben zertrümmerten Flaschen und vollgepinkelten Vorgärten wurden auch Zugbesucher beleidigt und angegriffen. Das hat natürlich alles nichts mit den Kleinen Feiglingen unseres Väter-Trios zu tun. Oder vielleicht irgendwie doch?

9. März 2006
Um neunzehn Uhr landet mein Flug aus Süddeutschland. Verspätet. Ich bin in Eile. Um zwanzig Uhr beginnt ein besonderes Konzert. Das Heeresmusikkorps 7 der Bundeswehr ist auf seiner Abschiedstournee. In wenigen Wochen wird es aufgrund von Kosteneinsparungen aufgelöst werden, die Musiker auf andere Standorte verteilt. Bei diesem Orchester habe ich vor über zwanzig Jahren meine Bundeswehrzeit verbracht.

Kurz vor dem ersten Ton schaffe ich es in den Saal. Ein merkwürdiges Gefühl, dort oben auf der Bühne einige bekannte Gesichter wieder zu entdecken. Die Musiker haben ein abwechslungsreiches Programm vorbereitet. Mein persönliches Highlight: Der Hummelflug[41] als Duett eines Kla-

---

[41] Hummelflug: Aus der Oper „Das Märchen vom Zaren Saltan"; Komponist Nikolai Rimski-Korsakow

rinettisten und eines Flötisten. Was für eine unglaubliche technische und klangliche Leistung!

Nach dem Konzert gehe ich kurz hinter die Bühne, spreche meine „ehemaligen" Kollegen an. Wir tauschen Gedanken und Erinnerungen aus. Ein schöner, gleichzeitig trauriger Moment. Auch wenn ich seit langem nicht mehr dazu gehöre, erfüllt mich der Gedanke mit Wehmut, dass es diese musikalische Gruppierung in wenigen Wochen nicht mehr geben wird. Wieder ein Puzzlesteinchen aus meinem Leben, dass sich gerade in der Gegenwart auflöst.

28. März 2006
Ein internationaler Rollout eines SAP Templates steht an. Unser Kunde bittet um ein Angebot für sein Werk in Tschechien. Für eine Einschätzung unserer Leistungsfähigkeit wünscht er die Analyse vor Ort durch Berater, die bereits in vorherigen Rollouts für ihn gearbeitet haben. Ergänzend erwartet er die Teilnahme von unseren tschechischen Kollegen, die sich speziell mit den landesspezifischen rechtlichen Anforderungen auskennen. Wir kommen dieser Bitte gerne entgegen, fliegen für zwei Tage mit vier Beratern aus Deutschland nach Osteuropa. Dazu kommen vier unserer lokalen Kollegen. Die Analyse läuft gut, das Team ist klasse, und auch neben der Arbeit haben wir an den beiden Abenden viel Spaß zusammen. Der Kunde äußert sich nach Ablauf des Workshops sehr zufrieden. Eine gute Ausgangssituation.

Zurück in Deutschland beginnen wir umgehend mit der Zusammenstellung der Ergebnisse für unser Angebot. Zwei Tage später meldet sich telefonisch die Projektleiterin des Kunden bei mir. Teilt mit, dass aufgrund von Budgetproblemen der Rollout in Tschechien auf unbestimmte Zeit zurückgestellt wird. Unser Team ist enttäuscht. Hätten wir das nicht eventuell auch einige Tage vor der Analyse als Information bekommen können? Für uns ein klassischer Fall von

„Außer Spesen nichts gewesen". Verschwendung von Engagement, Euros, Kerosin und Benzin.

3. April 2006

Bei meinem Automobilzulieferer "brummt" der neue Gutschriftsmonitor. Jeden Tag werden die empfangenen Daten abgeglichen. Jeden Tag kennen wir die ausstehenden oder zu zahlenden Beträge bis auf den letzten Cent. Da wir bisher nur einige kleinere Anpassungen, keine wesentlichen Zusatzanforderungen oder Fehler hatten, haben wir uns entschlossen, heute den zweitgrößten Kunden live zu schalten. Auch das funktioniert reibungslos.

Berater oder Mitarbeiter?

In den vergangenen Wochen war ich regelmäßig bei meinem Kunden vor Ort. Die Geschwindigkeit und Präzision der Gutschriftsbearbeitung begeistert mich jedes Mal aufs Neue. So schaue ich am Morgen meist als erstes ins System. Sehe nach, ob neue Gutschriftsanzeigen vorliegen. Wenn ja, drücke ich auf dem „matching"-Knopf. Warte auf das wenige Sekunden später vorliegende Ergebnis. Wenn es Abweichungen gibt, sehe ich mir diese an. Korrigieren darf und kann ich sie nicht. Aber mich interessiert, ob wir Fehler erhalten, die wir gegebenenfalls noch nicht kennen.

Eines Morgens ruft eine Sachbearbeiterin völlig aufgebracht den IT-Leiter an. Bereits seit drei Wochen würde sie am Mittwochmorgen (ihr Kunde sendet die Daten normalerweise immer mittwochs) keine Gutschriftsanzeige im System vorfinden. Der IT-Leiter verspricht eine Prüfung. Ein paar Minuten später kommt er auf mich zu. Ob ich eventuell ... immer an den letzten drei Mittwochen ... den Knopf gedrückt hätte? Leugnen ist zwecklos – der Benutzername wird in die Datensätze eingetragen. Nicht im Entferntesten hatte ich bei meinen Aktionen im Sinn, den Tagesablauf der

168

Sachbearbeiter zu stören. Ich gelobe sofortige Besserung!
Schade. Das „matching" war immer ein gelungener Tages-
auftakt.

23. April 2006

In die Tonhalle Düsseldorf kommt eine Ikone des Ge-
sangs, ein lebendes Denkmal: Jessye Normann. Normalerweise kann man mich für Opern und Arien nicht begeistern.
Heute aber möchte ich diese einmalige Sängerin live erleben. Und es wird auch keine Oper, sondern ein Liederabend
sein. Mit einundsechzig Jahren lässt sie ihre gewaltige
Stimme den Konzertsaal füllen. Von der ersten Minute an
Gänsehaut. Am Ende erleben wir stehende Ovationen der
knapp zweitausendfünfhundert Besucher. Der Saal würdigt
die Lebensleistung dieser besonderen Frau.

Als Zuhörer haben wir ab und zu den Eindruck, dass nicht
jeder Ton exakt getroffen wird. Aber die Stimme baut nun
einmal mit dem fortschreitenden Alter ab. Lässt sich nicht
mehr so präzise ansteuern wie in jungen Jahren. Das muss
man einplanen bei dem Besuch eines solches Konzert.
Umso schlimmer daher für uns am Folgetag der absolute
Verriss ihres Auftritts durch den Chefmusikkritiker der
Rheinischen Post. Er seziert die Fehler bis ins Detail, stößt
das Denkmal genussvoll vom Sockel. Das muss nicht sein.
Etwas mehr Respekt hätte hier gutgetan.

Dreizehn Jahre später – nur wenige Tage vor Jessye
Normanns Tod - werden wir die Kristallwelten der Firma
Swarovsky in Wattens/Österreich (bei Innsbruck) besuchen.
Einer der Kunsträume zeigt auf drei Videowänden ihre
Darbietung der Schlussarie „Thy hand, Belinda" aus der
Oper „Dido and Aeneas" von Henry Purcell. Aufgezeichnet

wurde ihr Auftritt hier vor Ort im „Kristall-Dom"[42]. Ein einmaliges, ergreifendes Dokument ihrer Stimm- und Ausdruckskraft.

2. Mai 2006

Unser Sohn geht auf Klassenfahrt. Von der Lehrerin wurden wir im Vorfeld angesprochen, ob wir gegebenenfalls das Gepäck der Kinder in unserem Auto zur Jugendherberge fahren könnten, da die eigenen Busse nicht über genug Stauraum für alle Koffer verfügen. Gerne sagen wir zu. Am Morgen der Abreise fahre ich zur Schule. Erste Aussage: Vielleicht müssen sie doch nicht fahren, da wir möglicherweise genug Platz für das Gepäck haben. Hurra. Ich habe mir (mühsam) freigenommen, habe Kundentermine verschoben, und jetzt werde ich doch nicht gebraucht? Wenige Minuten später die Entwarnung: Nein, es passt nicht alles in die Busse, wir benötigen Ihre Hilfe. Uff!

Die Kleinbusse stehen auf dem Schulhof, das Gepäck liegt dahinter. Eine Lehrerin schließt die Busse auf. Eine andere beginnt, Taschen und Koffer einzuladen – ohne jegliches System, einfach alles so, wie es ihr in die Hände fällt (auch ein System …). Mit dieser Vorgehensweise wird selbst unser Auto nicht für das Restgepäck ausreichen. Ich biete an, das Packen zu übernehmen. Dankbar stimmt sie zu. Eine andere Lehrerin prüft, welche Kinder mit dem Zug zur Jugendherberge fahren. Die Zug-Gruppe bricht bereits auf, während die Bus-Gruppe noch wartet. Kurze Zeit später große Aufregung: Es scheint so zu sein (und bestätigt sich …), dass eine Lehrerin, die die Zug-Gruppe begleitet, leider auch die Bus-Schlüssel eingesteckt hat. Zwei Dinge interessieren mich: Wird es mein Kind noch an diesem Tag

---

[42] Wen es interessiert: Einfach mal nach „Jessye Norman / Purcell / Swarovsky / Kristallwelten" googeln, und dann das YouTube Video ansehen. Laufzeit knapp über drei Minuten.

in die Jugendherberge schaffen? Und: Was ist der Grund
für dieses unglaubliche Durcheinander?

12. Mai 2006

In der Nachbarschaft findet ein Polterabend statt. Wir
freuen uns über die Einladung, verbringen zwei schöne
Stunden mit netten Menschen aus der Umgebung. Man
sieht sich nur selten, grüßt kurz über die Straße. Da ist doch
so ein Anlass eine gute Gelegenheit, die Nachbarn etwas intensiver zu sehen UND den Keller von überflüssigem Por-
zellan zu entrümpeln.

Nach kurzer Zeit wird das Büffet eröffnet. Es gibt einge-
schweißtes Brot, Kartoffelsalat aus dem Zwei-Kilo-Eimer,
und Brühwürstchen vom Discounter. OK. Wir waren ja
auch nicht in Erwartung eines fünfgängigen Menüs gekommen. Neben den Brühwürstchen stehen die Autos der
Gastgeber. Von den Fahrzeugen hätten wir doch eher auf
ein (kleines) Menü geschlossen. Aber die Gespräche sind
nett, und das Geschirr ist auch aus dem Haus.

17. Mai 2006

Vor drei Wochen haben wir eine Anfrage aus Indien erhalten. Unsere Kollegen dort arbeiten gerade an einem um-
fangreichen Angebot für einen Stahlkonzern. Der Kunde
fragt nach Referenzen aus Europa. Idealerweise soll ein eu-
ropäischer Mitarbeiter diese bei unserer Angebotspräsenta-
tion vor Ort in Indien vorstellen. Als ich davon höre, hebe
ich sofort die Hand. Die Erfahrungen meiner privaten Indien-Reise sind noch so frisch, dass ich mir diese Chance
nicht entgehen lassen möchte. Ich suche allerdings nach einem oder zwei Mitfahrern. Zum einen fände ich es unglaublich gut, wenn auch andere Menschen dieses „Incredible India" kennenlernen könnten. Zum anderen wäre sicherlich auch ein wenig SAP-fachlicher „Rückhalt" während der Präsentation nicht schlecht.

Die beteiligten Kollegen unterstützen mich allerdings sehr engagiert zumindest bei der Vorbereitung der Präsentation. Ich habe von ihnen viele Lösungsbeispiele und Informationen aus unseren Stahl-Projekten eingesammelt, ins Englische übersetzt und in eine anschauliche Powerpoint-

Präsentation gebracht. So sitze ich jetzt die kommenden sieben Stunden über den Wolken, bin auf die vor mir liegende Woche gespannt!

Gelernt aus den Erfahrungen der privaten Reise fliege ich heute tagsüber, komme somit bereits am Nachmittag ins Hotel. Und als Herberge habe ich mir das „Imperial" ausgesucht. Bisher kannte ich nur die Lobby und eines der Restaurants, jetzt bin ich auf die Zimmer gespannt. Die sind Luxus pur. Marmor. Feine Stoffe. Entspannend angenehm nach der langen Reise, und vor allem als Rückzugsort nach den anstrengenden Tagen, die vor mir liegen.

Hotels in Indien

Auf meinen Reisen nach Indien habe ich nicht viele Hotels ausprobiert. Wie überall auf der Welt gelten auch hier die Sterne-Kategorien. Mein Eindruck: Fünf Sterne sind auch tatsächlich fünf Sterne. Oder fünfeinhalb. Vier Sterne in Indien bedeuten nach unserem Empfinden eher drei, vielleicht manchmal auch nur zweieinhalb. Die Preisdifferenz zwischen vier und fünf war 2006 nicht besonders groß. Dann doch lieber die Fünfer-Kategorie ...

Im Reiseführer habe ich vom quirligen Connaught Place mit seinen vielen Geschäften gelesen – da will ich heute Nachmittag noch hin. Vom Hotel ist er nur wenige Minuten entfernt. Doch es wird ein langer Weg! Der Grund: Als erkennbarer Europäer werde ich jeden Meter angesprochen. Von den Händlern. Aber auch von unzähligen Bettlern. Bettelnden Kindern. Ein schwieriges Land. Die einzige Chance besteht in der Vorwärtsbewegung. Nur nicht stehenbleiben. Dann hat man verloren. Aber um die kleinen Geschäfte mit ihren für mich so exotischen Angeboten zu betrachten, müsste ich genau das machen. Stehenbleiben. Ein sehr anstrengendes Dilemma.

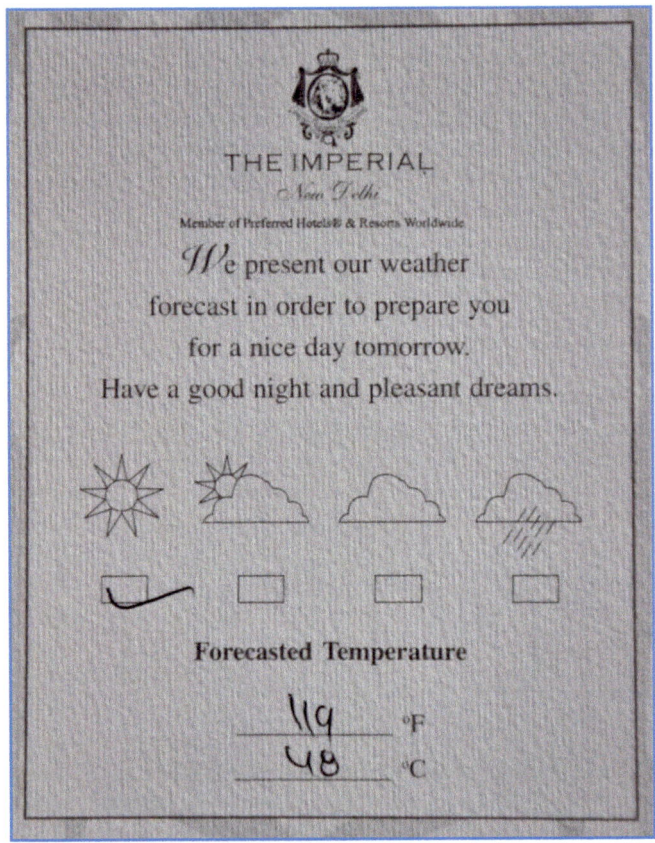

Auf dem Rückweg kurz vor dem Hotel spricht mich ein Schuhputzer an. Nein, ich möchte meine Turnschuhe nicht putzen lassen. Ein paar Meter weiter erneut seine Anspra-che – diesmal intensiver. Wieder mein „nein". Es erfolgt der dritte Anlauf. Aufdringlich. Lästig. Dieses Mal ist der Schuhputzer aber ganz aufgeregt. Ich schaue nach unten.

174

Auf meinem Schuh: Ein großer stinkender Dreckshaufen. Igitt! Schlagartig fällt mir die Warnung aus dem Reiseführer ein. Rund um den Connaught Place gibt es Abzocker. Der eine wirft den übelriechenden Klumpen auf den Schuh, der andere bekommt dann viel Geld fürs Wegmachen. Nicht mit mir. Auf der Straße kann ich nur den Hauptdreck mit einem Taschentuch entfernen. Es stinkt erbärmlich. Zurück im Hotel schmeiße ich erst einmal die Socken weg. Schrubbe dann den Schuh eine Viertelstunde unter laufendem Wasser. Geruchsprobe. Fast sauber. Noch mal schrubben, dann geht es wieder. Was für ein Tag! Vom Nachttisch nehme ich ein kleines Kärtchen. Man wünscht mir eine gute Nacht. Wettervorhersage für morgen: Sonnig. Achtundvierzig Grad. Hurra!

18. Mai 2006

Nach einem gemütlichen Frühstück mit einem herrlichen Obstbüffet erwarten mich zwei Kollegen der indischen Landesgesellschaft in der Lobby. Ein Mitarbeiter des Vertriebs, und ein SAP-Berater aus dem Bereich Logistik. Wir kommen ins Gespräch, finden schnell zueinander. Die Chemie passt. Eine gute Voraussetzung für die kommende Zeit. Im Anschluss begeben wir uns zum Büro eines Partnerunternehmens. Hier werden wir drei Tage die Präsentation durchsprechen und verfeinern. Drei lange Tage. Drei *sehr* lange Tage. Zwischendurch beneide ich manchmal kurz die deutschen Kollegen, die kein Englisch können wollen. Aber nur kurz. Dann schlägt die Stimmung wieder in Neugier und Begeisterung um. Incredible India!

21. Mai 2006

Duschen. Frühstücken. Gleich holen mich die Kollegen ab. Vorher noch kurz einen Spaziergang an der frischen Luft durch den Hotelpark. Der livrierte Page schaut mich irritiert an, als ich das angenehm kühle Gebäude verlassen möchte. Ob mein Wagen bereits da sei? Ich verneine. Gehe trotzdem in Richtung der Doppeltür. Man öffnet mir. Nach den Kühlschrank-Temperaturen der klimatisierten Hotelbereiche trifft mich die Hitze draußen wie ein Schlag. Dennoch tut die Sonne gut. Die Runde durch den Park fällt kurz aus. Im Zimmer stelle ich fest, dass mein Hemd im Schulterbereich komplett durchgeschwitzt ist. Von fünf Minuten Spaziergang. Also erneut. Duschen.

Auf dem Flughafen in Delhi besteigen wir unsere Maschine. Ich stütze mich auf dem Weg zu meinem Sitzplatz auf den Lehnen ab. Eine klappt ohne jeglichen Widerstand komplett nach vorne um. Defekt. Dennoch wird gleich auch auf diesem Sitz ein Passagier Platz nehmen. Man sieht hier solche Dinge nicht so eng.

Bei unserer Ankunft in Raipur warten wir am Gepäckband auf die Koffer, als mich ein Uniformierter anspricht und bittet, ihm zu folgen. Wohin? Und vor allem: Warum? Ein Blick zu meinen Kollegen. Sie nicken. Ich werde in ein kleines, ein winziges Büro ohne Fenster geführt. Dort sitzt ein Polizist (oder Militär?), fragt nach meinem Reisepass und Visum. Er überträgt die Daten handschriftlich in eine riesige vor ihm liegende Kladde. Danach werde ich zu meinen Tätigkeiten und Zielen im Land befragt. Nach circa zehn Minuten kann ich wieder gehen. Eine komische, befremdliche Situation. Zumal doch bereits bei der Einreise in Delhi Pass und Visum ausgiebig kontrolliert worden waren. Ich bin froh, dass meine beiden Kollegen vor der Tür für Klärungen oder Rückfragen erreichbar gewesen wären.

22. Mai 2006
Unser Hotel heißt „Babylon". Für hiesige Verhältnisse Luxus. Das Zimmer ist schön, sauber. Gestern Abend habe ich noch aus dem Fenster gesehen. Etwa einhundert Meter entfernt beginnt ein palastartiges Luxusanwesen. Dazwischen ist eine Müllhalde. Das Fenster öffnet man besser nicht. Der Gestank steigt bis in die dritte Etage. Zum Glück sind die Zimmer klimatisiert.

Für den Umgang mit Nahrungsmitteln gibt es für Indien (wie auch für andere Länder) den einfachen Spruch: „Peel it, boil it or leave it!" – Schäle es, koche es, oder lasse es liegen. So suche ich am Frühstücksbüfett nach verpackten Nahrungsmitteln. Ich würde mir gerne einen Toast machen, lege eine Scheibe auf ein unbekanntes Gerät. Es enthält eine Art Förderband. Neben mir taucht ein junger Inder auf. Vielleicht vierzehn, fünfzehn Jahre alt. Er arbeitet hier. Als mein Toast auf der anderen Seite der Maschine herauskommt, will ich ihn nehmen. Der Junge ist schneller. Mit seinen Händen nimmt er die Scheibe, dreht sie um, und legt sie erneut auf das Band. Dummer Tourist. Kapiert aber auch gar nichts. Wo der wohl herkommt. Solche oder ähnliche Gedanken werden dem jungen Mann wahrscheinlich durch den Kopf gehen. Und er hat ja recht. Mein Toast wäre vermutlich nur auf einer Seite geröstet gewesen. Mich beschäftigt allerdings gerade vielmehr die Frage, ob ich den Toast jetzt noch essen kann. Hatte der Junge saubere Finger? Oder freuen sich nun seine Bakterienstämme, über den Toast in den Körper eines widerstandslosen Westeuropäers zu wechseln? Ich entscheide mich fürs Essen. Und überlebe. Zumindest den aktuellen Tag.

Vom Hotel bringt uns ein Fahrer in knapp einer Stunde in die Stadt unseres Kunden. Die Verbindungsstrasse: Eine einzige Baustelle. Mit mir im Wagen ist unser indischer Vertriebschef. Er erklärt mir, dass es im Zielort nicht annähernd vergleichbare Hotels gibt. Er daher bei seinen Terminen gerne die einstündige An- und Abreise in Kauf nimmt. Unsere Präsentation wird in den kommenden drei Tagen nicht im Werk, sondern in einem außerhalb gelegenen Hotel stattfinden. Der Konferenzraum ist groß, klimatisiert. Überall stehen verschlossene Wasserflaschen bereit. Unser Team ist komplett. Es kann losgehen. Geht es aber nicht. Zur vereinbarten Startzeit sind gerade einmal fünf Kundenteilnehmer anwesend. Von erwarteten sechzig. Ich lerne: Zuerst kommen die unteren Hierarchien, zuletzt die Chefetage. Als wir mit einer Dreiviertelstunde Verspätung endlich beginnen, ist selbst meinem indischen Kollegen der Geduldsfaden geplatzt. Hier scheint man es mit der Verzögerung etwas zu übertreiben.

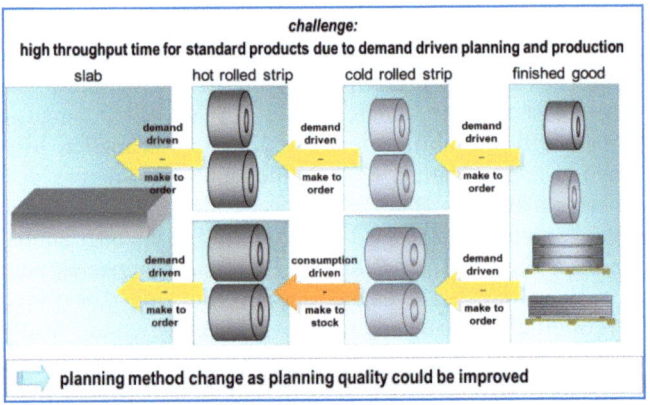

Mein Beitrag folgt direkt nach den einleitenden Worten unseres Managements. Ich bedanke mich für die Einladung und die Gelegenheit, unsere deutschen und europäischen Erfahrungen vorstellen zu dürfen. Sechzig Minuten später bin ich mit meinen Folien durch. Fragen gibt es keine. Aber ich blicke in durchaus wohlwollende Gesichter.

Ab jetzt muss ich nur noch meinen Kollegen zuhören. Zweieinhalb Tage. Was sie präsentieren, ist sehr gut vorbereitet. Ich lerne jede Minute dazu. Wenn ich nicht gerade versuche, mich wachzuhalten. Im Konferenzraum sitze ich mit dem Rücken zur vierspurigen Hauptstraße. Da wir uns an einer Art Kreuzung befinden, steigert sich das permanente Hupkonzert ins Unermessliche. Vor mir die anstrengende Präsentation. Hinter mir das Hundertfache Hup-Inferno. Ich bin fix und fertig. Aber die Mühe lohnt sich: Wir werden diesen Auftrag gewinnen.

24. Mai 2006

Rückflug nach Delhi. Beim Abflug herrscht Unsicherheit. Eigentlich gibt es nur eine Verbindung am Tag. Heute stehen zwei auf der Abfertigungstafel. Die einfache Erklärung: Gestern Abend hat eine der Töchter eines Stahlmanagers geheiratet. Eine Delegation aus dem Ministerium in Delhi kam mit einer zusätzlichen Maschine zur Hochzeit. Damit fliegen sie auch heute wieder zurück. Wir haben Glück, dürfen auf den früheren Flug. So bleibt etwas mehr Freizeit am Nachmittag!

Am Abend lädt mich mein Logistikkollege zur „Sound- & Lightshow" ins Rote Fort ein. Gemeinsam mit ihm und seiner Frau erlebe ich einen beeindruckenden Abriss der Geschichte Delhis, projiziert auf die historischen Mauern. Doch freue ich mich insbesondere über die Gastfreundschaft des Ehepaars und die Möglichkeit, mit ihnen viele meiner drängenden Fragen zu diskutieren. Wie lebt man mit den unglaublich vielen Menschen, der Enge auf den Straßen, dem Lärm, dem Dreck, der Diskrepanz zwischen Armut und Reichtum. Wenn ich mich richtig erinnere, ist die Quintessenz der Antworten relativ einfach. Man lebt damit, da man es seit seiner Kindheit so kennt. Man versucht natürlich, Missstände zu verbessern. Aber an die Gesamtsituation ist man seit seinen ersten Lebenstagen gewöhnt.

Auf meinem Zimmer liegt eine kleine Broschüre, in der die hoteleigenen Restaurants (davon gibt es immerhin fünf) vorgestellt werden. Bei der Rückkehr vom Roten Fort ins Hotel – es geht auf dreiundzwanzig Uhr zu – treibt mich die Neugier (und ein kleines Hungergefühl) in eines davon.

Das „The Spice Route"[43] wurde erst vor wenigen Monaten eröffnet. An der Ausgestaltung wurde sieben (7!!) Jahre

---

[43] Sollten Sie einmal in Delhi sein: Gehen Sie hin – Sie werden diese Eindrücke für immer mit sich tragen.

gearbeitet. Die Mitarbeiterin führt mich zu einem Tisch, ich bestelle eine Garnelensuppe. Sie wird serviert, ist sehr schmackhaft. Mich faszinieren in diesem Land die vielen neuen, interessanten Gewürze und Gerüche. Ich muss allerdings sehr aufpassen, dass die Suppe nicht kalt wird. Meine Augen wandern von den Wänden zur Decke und wieder zurück – so etwas habe ich noch nicht gesehen. Schnitzereien, Malerei, Stoffe, Gold, leuchtende Farben – ein Feuerwerk für die Sinne. Ich bin sehr beeindruckt. Leider kann ich von meinem Platz nicht das gesamte Restaurant einsehen. Ich frage die Kellnerin, ob es eventuell eine Beschreibung der Räume gibt. Sie will sich erkundigen. Kommt nach einigen Minuten wieder. Wenn ich Interesse hätte, würde mir in einer Viertelstunde die Restaurantleiterin eine kurze Führung geben. Natürlich! Exakt fünfzehn Minuten später stellt sich mir die Dame vor, und lädt mich ein, ihr durch die neun komplett individuell gestalteten Sektionen zu folgen. Es sind nur noch wenige Gäste im Restaurant, so können wir uns nahezu ohne Einschränkung bewegen. Jeder der Bereiche steht für eine andere Art der Zusammenkunft – der Gastgeber kann somit also bereits mit der Wahl des Bereichs eine Botschaft an den oder die Eingeladenen senden. Vergleicht man das einmal mit dem „klassischen" Restaurantkonzept (ein Raum, gleiche Tische, gleiche Stühle, …), beginnt man die Besonderheit dieses Ortes zu spüren.

Jede Sektion übt einen besonderen Reiz aus. Sendet eine einzigartige Botschaft. Zum Beispiel der Bereich „Relationship": Hier gibt es nur Zweiertische. Vielleicht fünf oder sechs. Das Besondere: Eine der beiden Sitzgelegenheiten ist üppig, und bequem gepolstert, die zweite eher karg. Ohne Kissen. Wenn man nun mit seinem Gast (Ehefrau, Chef, Kunde, …) dorthin geht – wer sitzt wo? Nach einer halben

https://theimperialindia.com/restaurant-menu/the-spice-route/
Artikel aus der Times of India:
https://timesofindia.indiatimes.com/One-of-Delhis-best-South-East-Asian-themed-dining/articleshow/21999518.cms

Stunde schwirrt mir der Kopf. Ich bedanke mich für die Führung und die unglaublichen Geschichten, die hinter jedem der unzähligen Details stecken.

25. Mai 2006

Der Aufenthalt in Indien neigt sich dem Ende zu. Tagsüber nimmt sich mein Logistikkollege erneut die Zeit für weiteres Sightseeing. Am Abend treffe ich mich dann mit den Betreibern des Hilfsprojekts „Sunshine Delhi" (siehe auch 27. Oktober 2004). Ich freue mich auf ein Wiedersehen mit den beiden, habe sie zum Essen eingeladen. Wir diskutieren viel über ihre Schwierigkeiten mit den Behörden. Aber natürlich auch über die unglaublich große Energie, die die beiden aufbringen, die Eltern ihrer Schützlinge davon zu überzeugen, ihre Kinder in das Projekt zu lassen. Denn: Sind die Kinder tagsüber im Projekt in der Schule, können sie nicht betteln gehen. Somit fehlt Einkommen in der Familienkasse. Auch wenn es nur Centbeträge sind. Als Gastgeschenk habe ich mehrere sehr gut erhaltene Puzzles aus unserer Familie mitgebracht, und zusätzlich ungefähr fünfzig Euro in Rupien. Sie freuen sich. Wir verabschieden uns. Auf der Rückfahrt zum Hotel rechne ich nach. Mit den beiden Taxifahrten und dem Abendessen habe ich das Doppelte des Gegenwertes meiner Gastgeschenke ausgegeben. Hätte man das auch anders machen können? Preiswerter essen? Oder sich gar nicht treffen? Und das eingesparte Geld dem Projekt ebenfalls komplett zur Verfügung stellen? Schwierige Fragen. Meine Antwort: Das Treffen war schön. Das Restaurant war gut. Das Essen war etwas Besonderes. Es ist richtig, genauso gehandelt zu haben. Den beiden einen schönen Abend zu gestalten. Den sie sich vielleicht selbst nicht ermöglicht hätten.

Im Hotel setze ich mich noch einen Moment in die Lobby, lasse die vergangenen Tage Revue passieren. Ich habe mein Zimmer bereits heute Vormittag geräumt, gleich kommt das Taxi, das mich zum Flughafen bringen wird.

Zwei Stunden nach Mitternacht hebt die Maschine in Delhi ab. Zehn Stunden später werde ich wieder zuhause sein. Dort ist es ruhiger. Sauberer. Leiser. Viel leiser. Aber ich werde Indien vermissen. Incredible India.

6. Juni 2006

Kurzfristig werde ich zu einer internen Abstimmung nach Frankfurt eingeladen. Wir suchen für einen Nutzfahrzeughersteller einen „senioren" Berater, da der Kollege, der bisher diese Rolle innehatte, unser Unternehmen verlassen wird. In unserem Büro treffen wir uns mit dem zuständigen Vertriebskollegen und dem lokalen Leiter der Beratung. Der Vertriebler ist von seiner Mentalität eher etwas „robust", der Beratungsleiter hingegen mehr der Feingeist. Trägt selbst im Büro jeden Tag Fliege.

Wir beginnen unseren Gedankenaustausch mit einer kurzen Vorstellungsrunde. Ich berichte von meinen Erfahrungen in der Zulieferindustrie, die man sicherlich auch auf Nutzfahrzeuge anwenden kann. Der Vertriebler fragt, was ich von IPPE kennen. IPPE? Nie gehört. Triumphierend lehnt er sich zurück. So, mit dieser Unkenntnis wären sie bereits jetzt aus dem Projekt direkt wieder herausgeflogen. Ich scheine nicht sein Wunschkandidat für die Nachbesetzung zu sein. Mir ist unklar, was denn das Besondere an dieser IPPE ist. Wir kommen in eine Art Streitgespräch, das sich jedoch plötzlich komplett von mir abwendet, und zu einer immer lauteren Diskussion zwischen Vertrieb und Beratungsleitung eskaliert. Als der Beratungsleiter völlig erregt aufspringt, und als Argument „Ich habe schließlich Mathematik studiert" dem Vertriebler an den Kopf wirft, verlasse ich auf der Suche nach den Toiletten das Büro. Im asiatischen Raum gibt es die Anstandsregel, dass man sich entfernt, wenn andere Anwesende ihre Beherrschung, ihr Gesicht verlieren. Da das meine beiden Kollegen gerade tun, ist doch der Gang zum Pissoir genau das richtige Verhalten. Auch wenn wir in Frankfurt sind. Bei meiner Rückkehr haben sich die Zankhähne wieder etwas im Griff. Na also. Geht doch. Die geplante Aufgabe wird man mir nicht übertragen. IPPE[44] sei Dank!

8. Juni 2006

Irgendwann ist immer das erste Mal. Für mich beginnt gerade das erste Projekt im Bereich Personalwesen. Bisher lagen meine Beratungsaktivitäten entlang der zentralen Wertschöpfungsketten. Vom Kundenauftrag über die Produktion zum Versand. Nun ein Ausflug in die Welt des Human Resource Management (HRM). Wie kommt es zu diesem Engagement? Ein Kollege aus einem früheren Projekt hat Personalverantwortung übernommen. Seine Abteilung managt verschiedenste Applikationen und Hotlines für das interne Personalwesen. So weit, so gut. Ihm ist jedoch schnell aufgefallen, dass es keine Prozessdokumentationen gibt. Keine Beschreibung, in welcher Sequenz die Aktivitäten von welchen Verantwortlichen bearbeitet werden. Diese Prozessmodellierung möchte er jetzt von mir erarbeiten lassen.

Die Vorgehensweise ist klar – wir haben sie bereits im Vorfeld abgestimmt:

- **Schritt 1:** Identifikation der betreuten Prozesse
- **Schritt 2:** Durchführung von zwei bis drei Workshops je Prozess mit den beteiligten Mitarbeitern
- **Schritt 3:** Dokumentation der Prozesse inklusive Markierung der herausgearbeiteten Schwachstellen
- **Schritt 4:** Erstellung eines Maßnahmenkatalogs zur Prozessoptimierung

Danach wollen wir weitersehen.

Die Projektlaufzeit wird circa drei Monate betragen. Wie stellt sich der Verlauf dar: Die Identifikation der Prozesse

---

[44] SAP: iPPE = Integriertes Produkt- und Prozess-Engineering

in Schritt eins ist vergleichsweise einfach: Da nahezu jeder Prozess (beziehungsweise jede Gruppe von Prozessen) aus der Historie heraus in einer eigenen Softwareumgebung realisiert worden ist, entspricht die Applikationslandkarte auch der Prozesslandkarte.

Schritt zwei ist mühsamer. Die wesentlichen Gründe dafür liegen einerseits im geringen Prozessverständnis der Mitarbeiter. Für sie besteht ihr Arbeitsalltag exakt aus der Funktion, die sie acht Stunden ausüben. Der Blick über den Tellerrand fehlt in der kompletten Breite der Abteilung. Andererseits kämpfen die Teilnehmer immer wieder gegen ihre eigene Kapazität. Ihre Kunden – die Mitarbeiter des Unternehmens – haben mit ihren Anliegen grundsätzlich Vorrang vor allen anderen Aufgaben. Einige Workshops finden daher statt geplant mit sechs bis acht Teilnehmern nur mit ein oder zwei Ansprechpartnern statt. Wir bekommen somit vielfach nur ein punktuelles Wissens- und Meinungsbild.

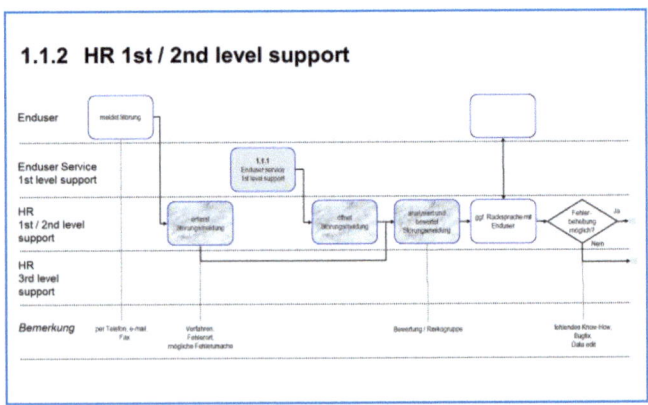

1.1.2 HR 1st / 2nd level support

Schritt drei ist dann schnell erledigt. Nach einem bekannten Muster dokumentieren wir das Prozessmodell, geben es den Teilnehmern zum Review, korrigieren Fehler, ergänzen

Anmerkungen. Sehr zäh entwickelt sich der vierte Schritt. Zum einen treffen wir hier erneut auf das Kapazitätsproblem, zum anderen besteht bei den Mitarbeitern nur ein sehr geringes Interesse an Veränderungen. Es gibt zu den identifizierten Schwachstellen nur wenige Verbesserungsvorschläge. Mir fallen einige ein. Diese werden von den Teilnehmern überwiegend als unrealistisch eingestuft und direkt wieder gestrichen. Als Ergebnis erarbeiten wir zumindest eine (überschaubare) Liste an Arbeitspaketen.

Nun wollten wir ja eigentlich weitersehen. Daraus wird nicht mehr viel. Der bisherige Abteilungsleiter und Auftraggeber verlässt das Unternehmen. Sein Nachfolger ist zwar bereits bekannt, signalisiert aber kein Interesse an einer Umsetzung der Optimierungen. Es laufe doch auch so, wie es ist. Und seine Mitarbeiter hätten sowieso keine Zeit mehr für diese „Nebenaufgaben". Stimmt. Weil sie sich dauernd mit den „Nebenwirkungen" der schlechten Prozesse beschäftigen müssen. Würde man jetzt einmalig Zeit in die Optimierung investieren, bestünde in der Zukunft Raum für neue Themen. Weitere Optimierungen. Aber das scheint man anders zu sehen.

19. Juli 2006

Vor zwei Tagen haben wir auf der Rückfahrt vom Sommerurlaub auf der Passhöhe des Großen Sankt Bernhard eine Kaffeepause eingelegt. Am Abend stelle ich in unserem Quartier am Genfer See fest, dass wir offenbar unseren Rucksack im Restaurant dort oben vergessen haben. Ein Anruf, und wir haben die Gewissheit. Er wurde gefunden. Er ist noch da. Aber: Es ist kein „Kurier" in Sicht, dem man das Fundstück mit ins Tal geben könnte. Das Restaurant lässt sich auch nicht zu einem Versand per Post an unsere Heimatadresse überreden. Ich überlege kurz, den Rucksack samt Inhalt „aufzugeben". Aber: Es befinden sich mein Taschenkalender und ein schöner Drehbleistift darin. Der Taschenkalender (analog!) enthält meine sämtlichen Termine.

UND: Er dient als wesentliche Gedächtnisstütze zur Erstellung dieser Zeilen. Der Stift ist ein Andenken an eine besondere Person. Da also nicht der Rucksack zum Eigentümer kommt, muss der Eigentümer erneut auf die Passhöhe. Die Familie entscheidet sich alternativ für einen Museumsbesuch, ich fahre zwei Stunden Serpentinen. Auch mal schön. Da kann es nur mir schlecht werden.

21. Juli 2006

Ein Bekannter ruft mich nach langen Jahren wieder einmal an. Sein Sohn befindet sich mitten im Studium, und sucht eine Praktikantenstelle für ein halbes Jahr. Da alle bisherigen Bemühungen keinen Erfolg gebracht haben, bin ich nun seine letzte Hoffnung.

Ich biete an, ein Gespräch mit dem jungen Mann zu führen, und dann zu entscheiden, welche Firmen aus meinem Kontaktkreis wir sinnvoll adressieren können. Drei Tage später findet das Gespräch statt. Mein Eindruck von dem Kandidaten ist recht gut – er studiert zügig, hat bereits Auslandserfahrung, und macht einen aufgeschlossenen Eindruck. Die Noten könnten insgesamt etwas besser sein – vermutlich war das auch der Grund für die bisher erfolglose Bewerbungsphase. Ich sage ihm zu, einige Unternehmen anzusprechen. Beim Abschied schärfe ich ihm nochmals ein, dass der Markt für Praktikanten derzeit nicht sehr gut aussieht, und dass daher jede Bewerbung eine einmalige Chance darstellt. Er nickt. Ob er mich, beziehungsweise den Ernst der Lage verstanden hat?

Zwei Wochen später erhalte ich mittwochs eine E-Mail. In der teilt er mir freudestrahlend mit, dass er in der darauffolgenden Woche einen Vorstellungstermin bei einem global tätigen Konzern in Süddeutschland habe. Ich freue mich sehr, denn es war meine Vermittlungsarbeit, die das ermöglichte. Freitagnachmittag freue ich mich dann nicht mehr so sehr: Gegen sechzehn Uhr läuft eine E-Mail meiner Kontaktperson dieses Unternehmens ein. Wo denn die von „meinem" Praktikanten zugesagten Unterlagen bleiben würden. Ziemlich verärgert versuche ich ihn per Telefon zu erreichen. Mailbox. Hinterlasse eine Sprachnachricht mit der dringenden Bitte um Rückruf. Sende ergänzend eine E-Mail mit der gleichen Botschaft. Warte. Und warte. Am folgenden Morgen meldet er sich. Versteht meine Aufregung überhaupt nicht. Die Zusage sei doch da – warum jetzt der Stress mit den Unterlagen? Ihm fehlt Verbindlichkeit. Es mangelt an einer realistischen Selbsteinschätzung. Und offensichtlich haben die Eltern auch kein Auge auf den Vorgang. Er wird das Praktikum antreten, und auch beenden. Ein Feedback bekomme ich von ihm nicht. Aber eine unverpackte Flasche Wein ohne einen persönlichen Gruß. Werde ich dieser Familie in vergleichbarer Situation erneut meine Hilfe anbieten?

08. September 2006
Wir laden zum Kindergeburtstag. Irgendwie hat es sich eingebürgert, dass sich auch die Kindergeburtstage stark am Zeitgeist entwickeln, und daher immer mehr Eventcharakter aufweisen: Ein Nachmittag im Umweltzentrum (steht die Umwelt dort mehr im Zentrum als anderswo?), ein Besuch eines Glasbläsers mit Anfertigung einer Glasarbeit, die dann nur das Geburtstagskind mit nach Hause nehmen darf (wer tröstet danach die weinenden Gäste?), der Nachmittag im sogenannten „Kinderland" (alte Industriehalle mit billigen Tischen und Stühlen, bei Abholung stehen auf den Tischen die abgefressenen Pappteller mit löffelweise Rest-Mayonnaise, die letzten Pommes Frites liegen kalt in der 50 Liter Plastikwaschschüssel). Die Aufzählung lässt sich beliebig fortsetzen. Ein Kind macht den hipperen Geburtstag als das andere. Meint es. Beziehungsweise möchten seine Eltern glauben. Glauben machen.

Warum wird nicht mehr zuhause gefeiert? Warum werden nicht Sackhüpfen, Topfschlagen und Eierlaufen angeboten?

Weil a) keiner (keiner = Mütter und Väter) mehr ein Interesse besitzt, diese Nachmittage vorzubereiten (von der Nacharbeit = Hausputz ganz zu schweigen) und b) der potenzielle Gegner (= Eltern des letzten Kindes, das seinen Geburtstag feierte) übertroffen werden muss. Schneller, höher, weiter.

Dieses Jahr haben wir uns diesem Trend nicht entzogen, und eine Zooführung gebucht. Damit die Kinder zumindest auch was lernen. Zum ersten Mal sind bei diesem Geburtstag Kinder dabei, die aus anderen familiären Lebensumständen kommen. Ein Kind sagt im Vorfeld ab, weil die Eltern kein Geld für ein Geschenk haben. Die Mutter eines anderen Kindes erkundigte sich erschrocken, wie teuer denn der Eintritt in den Zoo sei. Nach der Antwort, dass wir die Kosten übernehmen, ist sie beruhigt. Freut sich.

Bisher dachten wir immer, dass die Armut in unserer Gesellschaft weit weg von uns sei. Idealerweise vielleicht auch gar nicht existiert. Doch nun hat sie uns direkt in unserem heilen Umfeld erreicht. Wie muss es in einer Familie zugehen, bei der eine Eintrittskarte in den Zoo (für Kinder 2006 drei Euro fünfzig) ein echtes finanzielles Hindernis darstellt? Der eingeladene Junge erscheint freudestrahlend am Zooeingang, genießt sichtlich den Tag. Sein Geschenk an unseren Sohn: Ein Pappkarton mit mehreren Spielzeugautos. Alle mit deutlichen Gebrauchsspuren. Spuren ist stark untertrieben. Fehlende Türen, fehlende Reifen. Schwere Lackschäden. Auf dem Trödelmarkt unverkäuflich. Unser Sohn liebt Autos. Für ihn ist es ein großartiges Geschenk. Meine Frau und ich sind geschockt. Nicht über das Geschenk, sondern über unsere Erwartungshaltung. Über unser Verständnis von „Normalität", von „Standard". Eine noch sehr lange nachhallende Erfahrung.

Stufe 4: Abteilungsleiter?

oder

Kommt unverhofft oft?

Im Titel steckt die Leiter –
drum will man immer weiter.

Stuf' um Stuf' geht's weit nach oben –
oder unsanft auf den Boden.

(unbekannter Autor)

11. September 2006

Genau fünf Jahre nach dem Anschlag auf das World Trade Center in New York bin ich heute Morgen in ein Flugzeug gestiegen. Zuvor auf den Titelseiten aller Tageszei-
tungen erneut die Schreckensbilder von 2001. Am Abend
im Hotelzimmer laufen auf mindestens drei Kanälen Do-
kumentationen. Ein komisches Gefühl.

12. September 2006

Menschen bei Kerner. Eva Hermanns stellt ihr neues
Buch vor. Verheddert sich in ihrer eigenen Argumentation:
Soll die Frau nun an den Herd - oder soll sie nur vorher
richtig planen, in welcher Lebensphase sie sich an den Herd
stellt? Die Diskussionsteilnehmer schießen sich regelrecht
auf sie ein – meiner Meinung nach nicht ganz zu Unrecht.
Denn ich bin mir nicht sicher, ob hier eventuell gerade eine
exponierte Person mit einem populärwissenschaftlichen
Buch die große Kasse machen möchte.

Doch zu den übrigen Teilnehmern: Frau Professor Dr.
Höhler spricht von der Frau als dem Wesen, das die besondere Fähigkeit und Energie hat, alles parallel unter einen
Hut bringen zu können. Beruf, Familie, Sonstiges. Das einzige Problem der heutigen Frau liege darin, dass sie sich
nicht traut, diese Parallelität anzugehen. Nun ja, Frau Professor Dr. Höhler hat sich in ihrem Leben sicherlich vieles
getraut, hat eine große berufliche Karriere hinter sich – aber
wo ist dabei die Frau geblieben? Ich erkenne bei ihr nicht
das, was für mich (unter anderem) eine Frau ausmacht –
Charme, Herz, Weiblichkeit. Alle diese (für mich) wesentlichen weiblichen Attribute scheinen bei ihr auf der Strecke
geblieben zu sein – geopfert für die Parallelität, geopfert für
die Karriere. Sie ist aus meiner Sicht der beste Gegenbe-
weis zu ihrer eigenen These.

Der einzige Mann in der Runde – ein Publizist, dessen
Name mir vor lauter Blässe entfallen ist – regt sich über

190

Eva Hermanns Zeilen auf, dass „die Partnerin freudig zuhause wartet, wenn der Mann erschöpft nach Hause kommt". Er habe lieber erst mal seine Ruhe. Also ich freue mich jedes Mal, wenn mich meine Frau bei meiner Rückkehr begrüßt. Im Übrigen ist es umgekehrt genauso: Kehrt meine Frau von einer Reise zurück, ist sie glücklich, wenn ich sie empfange. Und enttäuscht, wenn es nicht so ist.

14. September 2006
Bundesweite Betriebsversammlung unseres Unternehmens. An vielen Standorten findet zeitgleich die bereits lange erwartete Information zum zukünftigen Kurs statt. Tenor: Es besteht weiterhin eine Kostenlücke (was ist das konkret?), die man über Arbeitszeitverlängerung beziehungsweise Gehaltsreduzierung zu schließen gedenkt. Direkt im Anschluss an die Veranstaltung bittet Firmenleitung und Betriebsrat, der IG Metall ein Verhandlungsmandat zu erteilen. Meine letzte Erfahrung mit solchen Mandaten ist nicht in guter Erinnerung geblieben: Vor zwei Jahren wurden Personalkosteneinsparungen verhandelt. Was war das Ergebnis? Der variable Gehaltsanteil, der sich auf den von mir erzielten Eigenumsatz bezieht, wird bei einhundertzwanzig (120) Prozent gedeckelt. Konkret: Erbringen Leistungsträger mehr als diesen Wert, wird ihnen diese Leistung nicht mehr vergütet. Diejenigen Mitarbeiter, die zum Beispiel nur achtzig (80) Prozent Umsatzleistung erzielt haben, bekommen die vollen achtzig Prozent ausbezahlt. Also: Schont die Schwächeren, bestraft aber gleichzeitig die Leistungsstarken. Letzteres halte ich für grundsätzlich falsch. Und nach einer solchen Erfahrung soll ich jetzt die gleichen Gremien erneut für mich verhandeln lassen? In der Umfrage lehne ich das ab.

01. Oktober 2006
Im Rahmen der internationalen Beratungsaufträge der letzten Monate habe ich festgestellt, dass mein Englisch verbesserungsfähig ist. Mir ist aufgefallen, dass es viele

Nicht-Muttersprachler gibt, die einen schöneren, eloquenteren Wortschatz einzusetzen verstehen. Das würde ich auch gerne. Stimme daher mit meinem Chef ein Sprachtraining ab. Ab heute werde ich eine Woche ein eins-zu-eins Training im schottischen Edinburgh absolvieren. Nur der Trainer und ich.

Ersterer begrüßt mich in seinem Haus. Hier werden wir also ab sofort die meiste Zeit verbringen. Der spontane Eindruck ist gut. Nachteilig empfinde ich sein Kettenrauchen. Zwar stellt er sich dazu an die Tür zum Balkon, aber zum einen riecht es dennoch im ganzen Haus, zum anderen sind diese Rauchphasen „auf Distanz" etwas mühsam bei gleichzeitig fortgesetztem Unterricht. Ich schildere ihm meinen Wunsch, den Sprachumfang, die Ausdrucksfähigkeit zu verbessern. Betone, dass ich nicht hier bin, um Grammatik zu lernen. Wir gehen zwei Stunden spazieren, praktizieren freie Konversation. Er möchte sich ein sprachliches Bild von mir machen. Nach der Rückkehr ins Haus gibt es von ihm zuerst einen Kaffee. Und dann die Ansage, dass wir in den kommenden Tagen viel Grammatik machen werden. So hatte ich mir das nicht vorgestellt.

Mit meinen Gasteltern, einem älteren Ehepaar, habe ich nur wenig Kontakt. Wir sehen uns kurz beim Frühstück und beim Abendessen. Viel Kommunikation findet nicht statt. Und: Aus unerfindlichen Gründen gibt es kein Bier im Haus. Dafür bekomme ich am vorletzten Abend das schottische Nationalgericht Haggis[45] serviert. Es schmeckt außergewöhnlich gut. Wenn man vorher nicht die Zutatenliste gelesen hat.

---

[45] Haggis: Schafsmagen gefüllt mit kleingehackten Innereien, Zwiebeln und Mehl

4. Oktober 2006

Neben der Grammatik (nicht so schön) hat mein Trainer auch kulturelle Abschnitte (sehr schön!) auf dem Programm. Am heutigen Abend besuchen wir zusammen eine Aufführung des „Kaufmanns von Venedig". Das Theater bietet eine tolle Atmosphäre, die Schauspieler zeigen ein starkes Engagement. Nur leider verstehe ich nahezu nichts. Ein Beispiel: „Why, I am sure, if he forfeit, thou wilt not take his flesh." Kompliziert. Und: Angeblich ist das Stück ja als Komödie klassifiziert. Wenn ich mich richtig erinnere, lacht während der gesamten Aufführung niemand. Liegt das am schottischen Humor, an der unkorrekten Klassifizierung, oder an der gewählten Inszenierung?

Regeln und ihre Auswirkungen
In der Pause lade ich meinen Trainer zu einem Bier ein. Er möchte gerne dazu eine Zigarette rauchen. Das im Theater gekaufte Bier darf man nicht mit auf die Straße nehmen. Im Theater darf man nicht rauchen. Wir stellen uns genau in eine der Eingangstüren. Seine linke Hand mit dem Bierglas ist innerhalb des Theaters. Die rechte mit der Zigarette außerhalb. Geht doch.

20. Oktober 2006

Aufgrund hoher Rabatte und eines sehr guten Preises für unser Altfahrzeug haben wir uns zum Kauf eines neuen Autos entschieden. Jetzt hole ich es ab. Vereinbart war die Übergabe um achtzehn Uhr. Es ist achtzehn Uhr. Unser Verkäufer ist in einem anderen Termin. Die Aussage einer jungen Mitarbeiterin: Es dauert länger, ich möge bitte warten. Warten möchte ich nicht. Frage daher, ob sie mir nicht helfen kann. Kann sie. Zuerst nimmt sie auf dem Hof unser altes Fahrzeug ab. Als wir zurück in die Verkaufsräume kommen, winkt sie ein Verkäuferkollege zur Seite, redet intensiv auf sie ein. Sie kommt zu mir zurück, erklärt, dass sie leider die Übergabe des Neufahrzeugs an mich nicht durchführen dürfe. Die Begründung: Das sei doch ein sehr emotionales Erlebnis, das ich sicherlich mit meinem persönlichen Verkäufer erleben möchte.

Emotionales Erlebnis? Heirate ich? Oder kaufe ich gerade eine gute Tonne Metall, die mich zukünftig von A nach B bringen soll. Im Hintergrund beobachtet der Verkäuferkollege, wie mir die junge Mitarbeiterin die Botschaft übermittelt. Er schaltet sich noch einmal ein, benutzt ebenfalls den Begriff des „Emotionalen". Ich sage ihm, dass diese Übernahme nichts, aber auch rein gar nichts von einem emotionalen Moment für mich hat. Mir ist ausschließlich an einer schnellen Abwicklung gelegen – schließlich ist es Freitagabend und eine lange Woche liegt hinter mir.

Er ist völlig fassungslos. Die Miene entgleist. Man kann förmlich seine Gedanken hören: O Gott, ein Automobilungläubiger – ein Mensch ohne emotionale Bindung an sein Fahrzeug. Die letztmögliche Erklärung für mein Verhalten mündet in seiner Frage „Dann ist das sicherlich ein Firmenwagen". Als ich verneine, bricht für ihn sichtbar eine Welt zusammen. Zum Glück kommt im gleichen Augenblick mein Verkäufer, und übergibt mir Schlüssel und Papiere. Den emotionalen Teil lassen wir weg.

24. Oktober 2006

Bei einem Seminar in der Alten Oper in Frankfurt stehe ich in der Pause auf einer wunderschönen Terrasse in der Sonne und genieße die Stille. Da nähern sich ein Mann und eine Frau – mitten im schönsten Smalltalk vertieft. Unüberhörbar. Ihr Schwerpunktthema: Das Auto. Beide haben offenbar gerade ein neues Fahrzeug erworben, und beide lassen sich über die von ihnen gewählten Farben aus – außen, und im Innenraum. Er bevorzugt innen hell - wegen der

194

Freundlichkeit. Sie dunkel - wegen der Sportlichkeit. Die Diskussion erreicht das nächste Kernthema – die Motorleistung und den Motortyp. Hier wird fachgesimpelt, dass mir nur so die Ohren klingen. Besonders schade sei es ja, dass der Hersteller A den Motortypen B nicht mehr bauen würde. Ja, das hätte sie auch gehört, wirklich schade.

Ich versuche, etwas räumlichen Abstand zu gewinnen, und denke über zwei Dinge nach. Erstens: Auch wir haben gerade ein Fahrzeug gekauft – und ich könnte spontan weder die Anzahl der Pferdestärken noch die Motortechnologie benennen. Zweitens: Dies war für mich das erste Gespräch zwischen einem Mann und einer Frau, bei dem es im Detail um Autos ging. Mögliche Erklärungen: Entweder arbeiten beide in der Branche. Oder sind beide autoverrückt. Oder ist es eine Art Flirt? Ich werde es nicht herausfinden. Die Glocke, die den Beginn der nächsten Vorträge ankündigt, läutet.

25. Oktober 2006
Von der gleichen Terrasse beobachte ich den weitläufigen Platz vor dem Gebäude. Es weht ein ziemlich starker Wind, der das Wasser des wunderschönen Brunnens über den Rand hinaus treibt. Eine Schulklasse – ungefähr fünfundzwanzig Kinder - spielt und spielt und spielt rund um den Brunnen. Ihr Spiel „Wer wird am wenigsten, wer wird am meisten nass". Ich versuche mir vorzustellen, was von diesem Tag bei den Kindern im Gedächtnis haften bleiben wird. Der Brunnen, die Stadt. Das Museum, in dem sie vielleicht vorher waren. Oder das sie im Anschluss noch aufsuchen werden. Ich glaube, der Brunnen, das Wasser und ihr Spiel werden in den Köpfen verbleiben – unauslöschlich.

30. Oktober 2006
Und was macht man so als Berater am Abend? Lesen? Fernsehen? Essen? Sicherlich eine Mischung aus diesen Dingen. Wenn möglich, sehe ich mir allerdings auch gerne

die Gegend an, gehe in Ausstellungen oder in Konzerte. Heute Abend höre ich einen Vortrag über die Energiewende. Der Vorstandsvorsitzende eines süddeutschen Energiekonzerns spricht über den in Deutschland geplanten Kohleausstieg. Er setzt unsere deutschen Absichtserklärungen ins Verhältnis zur globalen Entwicklung der Energieerzeugung. Schildert, wie sich gerade aktuell in Indien und China jeweils mehrere hundert Kohlekraftwerke im Bau beziehungsweise in der Projektierung befinden. Sein Fazit: Wir sind mit unseren Bemühungen in Deutschland ein Tropfen auf den heißen Stein. Die Realitäten finden an anderen Stellen in der Welt statt.

Interessant. Und sicherlich aus der Macht der Zahlen betrachtet auch richtig. Andererseits – sollen wir jetzt alle Vogel Strauß spielen? Irgendjemand muss doch irgendwann einmal mit der Infragestellung der fossilen Energieerzeugung starten. Von heute zehn Jahre weiter in die Zukunft werden wir alle mehr und mehr mit der Klimaerwärmung konfrontiert. Da ist es doch nur richtig und gut, wenn sich zumindest eine Minderheit bereits 2006 mit möglichen Alternativ- und Ausstiegsszenarien beschäftigt.

31. Oktober 2006

Die vergangenen Wochen waren mit sehr viel Nachdenken gefüllt. Mein Chef wird das Unternehmen verlassen. Unser Chef-Chef hat mich angesprochen, ob ich die Rolle meines Chefs übernehmen möchte. Die disziplinarische Leitung eines Teams von circa fünfundzwanzig Beratern. Einerseits würde es mich reizen, jetzt in den hierarchischen Karrierepfad einzusteigen. Andererseits ist mir das Projektgeschäft wichtig. Das Beraten meiner Kunden. Das Optimieren von Organisationen. Meine mögliche Wunschvorstellung: Fünfzig Prozent der Arbeitszeit übe ich die Disziplinarfunktion aus. Die andere Hälfte widme ich nach wie vor meinen Projekten und Kunden.

Diese Idee habe ich mehrfach mit meinem Chef-Chef diskutiert. Auch mit einer sechzig/vierzig und vierzig/sechzig Option. Unter dem Strich kommen wir immer wieder zum gleichen Ergebnis: Es wird nicht funktionieren. Die Führungsaufgabe erfordert die volle Kapazität. Kein Spielraum „nebenbei" für Projekte und Kunden. Aber genau das will ich. Projekte und Kunden. Also lehne ich heute den Einstieg in die Karriereleiter ab.

Führung

Früher hatte mich mir Führung ganz anders vorgestellt. Ich hatte den Glauben, einen zugewiesenen Verantwortungsbereich von Grund auf formen, gestalten zu können. Etwas aufzubauen. Wie naiv!

Wie sieht in der Realität Führung aus? Üblicherweise übernehme ich eine Abteilung von einem Vorgänger. Dieser hatte a) einen vermutlich anderen Führungsstil, b) vermutlich andere Ziele, und c) vermutlich ebenfalls diese Abteilung von seinem Vorgänger übernommen. Ich gerate also in ein Umfeld, das ich a) an meinen Führungsstil gewöhnen muss, b) von meinen Zielen überzeugen muss, und c) dem ich überzeugend vermitteln darf, dass ich diesen Bereich nicht nur für einige Monate, sondern mittel- bis langfristig zu führen gedenke. Damit sich die ganze Aufbau- und Gestaltungsarbeit auch lohnt.

Immer wieder wird mir in den Berufsjahren auffallen, wie heterogen doch die Mitarbeiterstruktur in den Abteilungen meines Arbeitgebers, aber natürlich auch meiner Kunden ist. Da gibt es dicke und dünne, schnelle und langsame, überintelligente und unterbeleuchtete, kooperative und konfrontative. Also den ganz normalen Querschnitt durch die Gesellschaft. Nur: Dafür wäre ich dann in Summe verantwortlich. Für diejenigen, die eigenständig einen Super-Job machen. Genauso wie für die, die man zum Jagen tragen muss. Für die Platzhirsche wie für die Mimosen.

Im Projekt erlebt man ähnliche Situationen und Muster. Aber dort habe ich als Projektleiter im Schwerpunkt die fachliche Verantwortung. Temporär für die Laufzeit des Projektes. Der gesamte disziplinarische Teil liegt nicht in meinen Händen. Auch ein wesentlicher Grund zu diesem Zeitpunkt, die Führungsaufgabe nicht anzutreten.

22. November 2006

Ein Beratungshaus in Hamburg hat einem Kollegen von mir Interesse signalisiert, sein eher technisch orientiertes Lösungsangebot mit einer Organisations- und SAP-Beratung zu erweitern. Der Hauptgesellschafter könnte sich vorstellen, ein erfahrenes Team von einem „Marktbegleiter" abzuwerben. Daher sitzen wir nun in einem schönen, modernen Büro in der Hansestadt. Wir, das sind fünf Gesellschafter des Interessenten, und vier Berater unseres Unternehmens. Auf zwanzig Folien haben meine drei Kollegen und ich unseren Beratungsansatz und unsere individuellen Kompetenzen dargestellt. Tragen sie jetzt den Zuhörern vor. Deren Interesse ist gemischt. Es gibt eine Fraktion, die große Zustimmung zeigt. Die unsere Fähigkeiten als eine strategisch sinnvolle Ergänzung betrachten. Der andere Teil sieht in uns eine Art zukünftige interne Bedrohung. Noch mehr, die mitreden und mitbestimmen wollen. Ihnen geht es um die Bewahrung der existierenden Machtverteilung. Dennoch. Der Termin ist in Summe gut. Inhaltlich sind wir auf dem richtigen Wege. Menschlich scheint es grundsätzlich auch zu passen. Wir vertagen uns auf einen Folgetermin, bei dem wir dann weitere Themen besprechen werden.

Übernachtet habe ich gestern im Traditionshotel „Atlantic". Dieses Haus hat eine große Anzahl an illustren und prominenten Gästen beherbergt, den Charme möchte ich mir auch einmal gönnen. Die Eingangshalle mit der großen Freitreppe ist beeindruckend. Doch nach dem Check-In betrachte ich in der Lobby die Details aus der Nähe. Der Nopp ist (im wahrsten Sinne des Wortes) ziemlich ab – man sieht zum Beispiel an vielen Stellen bereits die Kettfäden des Teppichbelags. In meinem Zimmer ist es nicht viel anders. Der Sessel ist antik – aber an mehreren Löchern drückt sich die Polsterung durch den verschlissenen Bezug. Trotzdem. Ein großes Haus mit großem Flair. Nur Udo[46] sehe ich nicht. Man soll den Dauergast am Abend regelmäßig an der Bar antreffen können. Wahrscheinlich war ich zu früh dort.

Stattdessen treffe ich am Morgen im Aufzug auf vier voluminöse Amerikanerinnen. In der fünften Etage steige ich in die leere Kabine, und drücke auf den Knopf fürs Erdgeschoß. In der zweiten Etage hält der Aufzug, die vier Damen treten ein. Bei der vierten geht auf der Kontrolltafel ein kleines rotes Lämpchen an – Überlast. Nichts geht mehr. Die Damen sind irritiert. Können sich nicht erklären, warum die Türe nicht schließt. Es gibt zwei Optionen. Ich erkläre ihnen die Gewichtsproblematik. Oder ich steige aus. Die Entscheidung fällt zugunsten der Letzteren. Ich sage „Oh, is this the second floor? Excuse me, i have to step out." Zwei Etagen kann ich auch zu Fuß gehen. Hinter mir schließt sich die Aufzugtüre. Die Damen können ihre Fahrt unbeschwert fortsetzen. Jeden Tag eine gute Tat!

21. Dezember 2006
Vier Wochen sind seit unserem Erstgespräch mit dem Beratungshaus in Hamburg vergangen. Wir haben uns im Team intensiv auf den heutigen Folgetermin vorbereitet. Neben fachlichen Fragen sowie der Klärung, mit welchen Kündigungsfristen wir bei unserem neuen Arbeitgeber star-

---

[46] Udo Lindenberg: Musiker, Autor und Maler

ten könnten, werden wir heute auch über unsere Gehaltsvorstellungen reden. Grundsätzlich kann ich mir den Wechsel vorstellen, inhaltlich und fachlich würden wir das Unternehmen gut ergänzen, die Chemie zwischen uns macht einen guten ersten Eindruck, und Hamburg als Bürostandort wäre auch ganz nett. Ich befürchte jedoch, dass wir mit unseren Einkommenswünschen Diskussionen erzeugen werden. Und so ist es dann auch. Die Gehaltsebene ist nicht das wesentliche Problem. Aber wir haben bei unserem aktuellen Arbeitgeber über das Grundgehalt hinausgehende Leistungen. Vielfahrerfahrzeuge. Unfallversicherungen. Betriebsrenten. Was kann uns in diesem Rahmen unser potenzieller Arbeitgeber anbieten?

Der Hauptgesellschafter beginnt mit dem Firmenwagen. Den wird es nicht geben. Stattdessen stellt er eine Karte für den öffentlichen Nahverkehr zur Verfügung. Für Reisen zu Terminen außerhalb Hamburgs sind natürlich Leihwagen, Flug oder Bahn möglich. Weitere, das Grundgehalt ergänzende monetäre Komponenten lehnt er ab. Bis zu diesem Punkt hatte ich unsere Gespräche immer als sehr fundiert angesehen. Jetzt gerade suche ich im Besprechungsraum die versteckte Kamera. Ich finde sie aber nicht. Der meint das also ernst mit dem Grundgehalt plus Monats-Busticket. Für mich ist die Luft raus. Diese Diskussion wird uns nicht weiterbringen. Man versucht gerade, große Leistung zum kleinen Preis einzukaufen. Nicht mit uns. Wir brechen die Gespräche ab.

Dezember 2006
Erneut zum Jahresende der Rückblick und Vergleich mit den Vorjahren: Die Reisetätigkeit für meinen süddeutschen Zulieferer hat sich gesteigert: In diesem Jahr nun vierunddreißig Vor-Ort Termine in Süddeutschland gegenüber sechsundzwanzig Besuchen in 2005, und siebenundzwanzig Reisen in 2004.

16. Januar 2007

Pro Halbjahr haben wir mit unserer Führungskraft ein Personalentwicklungsgespräch (auch PewG genannt). Mir gegenüber sitzt mein neuer Chef. Ein komisches Gefühl. Hätte ich im Herbst JA zur Übernahme der Führungsverantwortung gesagt, wäre die Situation jetzt genau andersherum. Wir müssten nur die Stühle tauschen. In den vergangenen Jahren hatten wir beide einige Male in Fachfragen kurz miteinander zu tun. Ich glaube, dass er ein guter Berater ist. Als Führungskraft erscheint er mir sehr jung. Zu jung. Unerfahren. Ist er der richtige Chef für unsere Abteilung? Wahrscheinlich stellen sich viele meiner Kollegen gerade ebenfalls diese Frage. Vermutlich würden sie aber die gleichen Gedanken haben, würde ich dort sitzen.

Den Schritt auf der Leiter nicht getan zu haben, bereue ich keine Minute. Ob mein Chef weiß, dass ich abgesagt habe, und er nun statt meiner dort sitzt? Wahrscheinlich schon. Ich werde ihm anbieten, ihn in allen Themen und Fragestellungen zu unterstützen. Wir werden in der kommenden Dekade viele Herausforderungen gemeinsam angehen. Es wird sich ein guter, enger Stab bilden, der auf Teamgeist und Eigenverantwortung setzt. Und es wird sich zeigen, dass er die richtige Person in dieser und weiterer Führungsaufgaben sein wird.

07. März 2007

In unserer Gemeinde wird ein Seminar angeboten. Vier Abende, an denen die Grundlagen des christlichen Glaubens behandelt werden sollen. Ich melde mich begeistert an, und freue mich auf den ersten Vortrag. Im Pfarrheim angekommen, sehe ich rund dreißig weitere Interessierte, den referierenden Priester, und einen Beamer mit einer PowerPoint-Präsentation. Der Abend beginnt mit einer Vorstellungsrunde. Der Referent betont in seinen einleitenden Worten, dass die vier Termine eigentlich viel zu kurz für den zu vermittelnden Stoff seien. Das hatte ich mir auch schon irgendwie gedacht. Allerdings wird er diese Aussage im Verlauf des Abends mindestens fünfzehnmal wiederholen. Was will er damit erreichen?

Die von ihm vorgetragenen Inhalte sind gut verständlich und logisch aufgebaut. Mir fällt allerdings bereits zu Beginn auf, dass das Auditorium mit einer relativ leicht zu durchschauenden Rhetorik eingefangen werden soll. Ich beginne mich zu fragen, was hier heute Abend eigentlich im Vordergrund steht. Die Vermittlung von Wissens- und Glaubensinhalten, oder das Einfangen von Menschen mittels manipulativer Wortwahl? Als der Referent (Priester!) Sätze wie „Gott, du musst bekloppt sein – bitte entschuldigen sie diesen Ausdruck - aber er muss doch wirklich bekloppt sein" über uns auskübelt, beginne ich mich in einem Kasperletheater zu wähnen. Seine weiteren Ausführungen enthalten immer wieder ähnlich populistische Anteile. Doch die Zuhörer lassen sich offensichtlich willenlos einfangen. Bemerken die Lassos nicht.

In der anschließenden Frage- und Diskussionsrunde nehmen die Teilnehmer die Idee auf, die Seminarreihe über die geplanten vier Veranstaltungen hinaus auszudehnen. Das Pflänzchen wurde ja direkt zu Beginn vom Referenten gesät, und im Verlauf des Vortrags oft genug gewässert. Die Saat scheint aufzugehen. Der Priester macht umgehend zur Bedingung, dass dann aber mehr Teilnehmer erscheinen müssten. Und er bietet an, bei entsprechendem Interesse eine Jugendgruppe vor Ort aufzubauen. Ich habe genug gehört. Menschenfischer ist ja OK, aber Jugendmanipulator geht mir dann doch zu weit. Die folgenden drei Abende werde ich nicht mehr besuchen. Stattdessen schreibe ich einen ausführlichen Brief an unseren lokalen Priester, der an diesem Abend nicht teilnehmen konnte. Schildere ihm meine Sicht der Manipulation durch rhetorische Mittel. Bitte darum, diesem Menschen keine Kinder anzuvertrauen. Und warte auf eine Antwort.

4. April 2007

Unser Unternehmen hat ein neues Kommunikationsformat gestartet. Ein hoher Vertreter des Managements trifft sich mit drei bis fünf Mitarbeitern zu einem zwanglosen Mittag- oder Abendessen. Neudeutsch „meet and great". Das „eat" fehlt im offiziellen Motto. Ich werde eingeladen. Eigentlich habe ich Urlaub, fahre aber mit einem Kollegen aus der Region mit dem Auto drei Stunden nach Kassel. Dort wird unser Treffen stattfinden.

Der Managementvertreter kommt per Bahn aus seinem Standort Stuttgart. Eine Stunde zu spät. Ist leicht genervt. Wir sind zu viert. Und stellen nach einer halben Stunde fest, dass drei von uns entweder in Stuttgart wohnen oder regelmäßig aufgrund ihrer Projekte vor Ort sind. Dort hätten wir uns mit einem deutlich geringeren Aufwand treffen können. Stattdessen sitzen wir jetzt in Kassel. Tolle Planung. Das Essen ist ganz gut. Es kann aber nicht darüber hinwegtäuschen, dass der Termin eine Art Pflichtveranstaltung ist. Ein offenes Gespräch über unsere Personen und/oder unsere Projekte kommt nicht in Schwung. Nach einigen Monaten wird diese Reihe eingestellt. Vermutlich übersteigen die Kosten den Erkenntnisgewinn. Wie so oft.

3. Mai 2007

Mitten in die „normale" Arbeit bei meinem Zulieferer platzt eine Hiobsbotschaft: Wenige Stunden vor Monatsabschluss können zwei Millionen Umsatz nicht in die Finanzbuchhaltung übernommen werden. Fieberhaft beginnt die Analyse. Die Zeit verrinnt. Bei der Suche tritt (erneut) zutage, wie wenig Wissen über die täglichen Arbeitsabläufe bei den Mitarbeitern vorhanden ist. Die Konsequenz fehlender Führung und Schulung. Nervosität und Aggressionspegel steigen. Kurz vor Ablauf der Frist ist der Fehler gefunden. Eine Mitarbeiterin hat (eigenmächtig) neue Buchungsschlüssel „ausprobiert". Aus ihrer Sicht liegt die

Schuld für die Verzögerung in der unzureichenden IT–Applikation. Nicht in ihrem Ausprobier-Verhalten.

Meine Belastungsschwelle ist überschritten. Ich schreibe eine E-Mail an ihre Führungskraft und bitte sie, hier angemessen einzugreifen. Ich fühle mich gut. Mein Unmut sinkt drastisch. Problem gefunden, Problem gelöst, Führungskraft auf Defizite der Mitarbeiterin hingewiesen. Ich begehe zwei gravierende Fehler.

- Die betroffene Mitarbeitern nehme ich nicht in den E-Mail-Verteiler. Beschwere mich im Prinzip „hinter dem Rücken" bei ihrem Chef.

- Ich warte nicht den folgenden Tag ab. Am nächsten Morgen sieht die Welt üblicherweise bereits wieder anders aus. Weniger stressgeladen. Der erste Unmut ist verraucht. Man formuliert dann in einem anderen Ton. Oder lässt es gar ganz.

Mein Handeln führt zu einer heftigen Antwort der Mitarbeiterin, in der sie sich über meinen angreifenden und beleidigenden Stil beschwert. Ich lese meine E-Mail noch einmal in Ruhe durch. Sie hat nicht Unrecht. Mein voller Ärger hat sich in der Wortwahl niedergeschlagen. Ich entschuldige mich bei ihr. Per E-Mail. Mit dem gesamten Verteiler. Und auch persönlich. Sie nimmt an. Wir werden im Team noch viele Themen in der Zukunft gemeinsam erfolgreich bearbeiten.

6. Juni 2007

Die AISEC[47]-Organisation Paderborn hat angefragt, ob ein Kollege von mir einen Vortrag an der Uni halten könnte. Allein möchte er das nicht machen. Fragt mich, ob wir

---

[47] AIESEC: Association Internationale des Etudiants en Sciences Economiques et Commerciales; größte internationale Studentenorganisation, vertreten in 124 Ländern

uns diese Aufgabe eventuell teilen könnten. Ich stimme sofort zu. Wissensweitergabe, jetzt auch an Studenten – da bin ich sofort dabei.

Der Titel des Veranstaltungstages: „Ethik bei Eliten in Wirtschaft & Politik". Ganz genau verstehe ich nicht, warum wir als Berater in der Informationstechnologie zu den Eliten der Wirtschaft gezählt werden. Sei´s drum. Ich beginne meinen Vortragsteil mit der Frage „Mit schlanken optimierten Prozessen von der Arbeit nach Hause = Mit ruhigem Gewissen ins Bett?". Zeige auf einigen Folien die Entwicklung eines von uns beratenen mittelständischen Unternehmens. Vom drohenden Konkurs zu einem profitablen Wettbewerber. Auf Kosten von dreihundert Arbeitsplätzen.

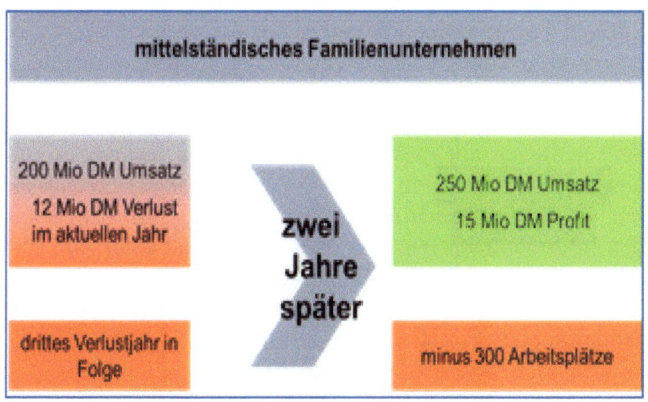

Mich würden jetzt die Fragen, Kommentare und Ansichten der studentischen Zuhörer interessieren. Doch da kommt nichts. Ein paar flapsige Bemerkungen der üblichen Hörsaal-Clowns. Warum sitzen die alle hier? Ist heute schlechtes Wetter? Oder gibt es für die Teilnahme Bonuspunkte bei irgendwelchen Seminaren? Eine weitere Möglichkeit: Ein üppiges Büffet inklusive Freibier wartet nach unseren Beiträgen auf die Anwesenden. Mir findet zu wenig Interaktion statt. Ich hatte mir engagiertere Studenten gewünscht. Schade. Für beide Seiten eine vertane Chance für einen Gedanken- und Meinungsaustausch. Mit dem Büffet habe ich übrigens recht.

21. Juni 2007

Die nächste Reise nach Indien steht an. Nachdem wir das Projekt für die SAP-Implementierung im ersten Werk der Unternehmensgruppe gewonnen haben, wollen wir uns nun auch für das zweite Werk bewerben. Gestern und heute war ich für ein anderes Projekt in München, fliege daher von dort mit der Abendmaschine nach Delhi.

Den folgenden Tag haben wir für die interne Vorbereitung des Kundentermins eingeplant. Einen Teil unseres indischen Teams kenne ich bereits aus der ersten Akquise, es ist schön, die netten und engagierten Kollegen wiederzusehen. Wir werden am Montag im Wesentlichen die Präsentation für das erste Werk wiederholen. Kleinere Anpassungen sind in Bezug auf die Produktionsplanung vorgesehen, da wir neue Funktionen in der SAP-Software präsentieren wollen. Ergänzend haben wir in Vorgesprächen mit dem Kunden Informationen erhalten, dass er aufgrund einer zum ersten Werk abweichenden Produktpalette weitergehende Anforderungen haben wird. Auch das werden wir in der Präsentation berücksichtigen.

Abenderlebnis
Wir stehen am Straßenrand in Delhi. Warten auf unsere Taxis, die uns ins Hotel bringen werden. Es ist bereits dunkel. Ein Mann auf einem Fahrrad hält vor uns an. Auf seinem Gepäckträger stapeln sich riesige Kartons. Kaum zu glauben, dass man ein solch beladenes Gefährt sicher durch den hektischen Verkehr der Millionenstadt steuern kann. Er zeigt meinen Kollegen einen Zettel. Mein erster

Gedanke: Der Mann bettelt. Hat irgendeine Geschichte aufgeschrieben, will nun einen kleinen Betrag von uns für seinen Lebensunterhalt bekommen. Weit gefehlt. Auf dem Zettel steht offenbar eine Adresse. Der Ort und der Auftraggeber, bei dem er die auf seinem Fahrrad befindlichen Kartons abliefern soll. Meine Kollegen bemühen sich, die Schrift zu entziffern. Sie überlegen, wo der Eingang zu dem genannten Unternehmen sein könnte. Sie geben sich Mühe, dem Tagelöhner zu helfen. Mein erster Gedanke eines bettelnden Menschen beschämt mich im Nachhinein. Und ich frage mich, ob wir in Deutschland auch so hilfsbereit wären wie meine Kollegen gerade hier in Indien.

Nach der gestrigen Vorbereitung geht es am Morgen wieder zum Flughafen. Heute ist Samstag. Der Inlandsflug nach Ranchi steht an. Zwei Stunden sehe ich aus dem Fenster. Manchmal zeigt sich der Boden dieses riesigen Landes. Überwiegend sehe ich Wolken. Wunderschön. Ankunft. Unser Fahrer wartet bereits. Er hat eine Art Jeep, in dem er uns nun die einhundertzwanzig Kilometer zum Stahlwerk bringen wird. Wir lange wir für die Strecke planen? Knapp dreieinhalb Stunden. Es geht über Schlaglochstraßen und durch quirlige Dörfer. Der Fahrer muss hochkonzentriert sein. Insbesondere wenn die Route in den Siedlungen mitten durch einen belebten Basar führt. Umgehungsstraße ist ein deutsches Wort. Hier sozusagen unbekannt.

Bei der Ausfahrt aus einem der vielen durchquerten Dörfer passiert es. Wir vernehmen einen Schlag am Fahrzeug vorne rechts. Unser Auto hat im Gedränge offenbar einen älteren Mann angefahren. Mein indischer Vertriebskollege weist den Fahrer an, weiterzufahren. Der Fahrer zögert. Einen Moment zu lange. Innerhalb weniger Sekunden ist unser Fahrzeug von dutzenden Menschen umringt. Der Vertriebler drückt auf die Zentralverriegelung. Zumindest können die Türen nun nicht mehr von außen geöffnet werden. Wir hören das aufgeregte Gekreische der Menge. Die Anführer wenden sich gestikulierend an meinen vorne links sitzenden Kollegen. Signalisieren ihm, dass er aussteigen solle. Der Fahrer würgt vor Schreck den Motor ab, was das Fahrzeug zu einem kleinen Satz veranlasst. Die Menge interpretiert das als Fluchtversuch. Wir hören die ersten Stöcke auf der Karosserie.

Ich habe Angst. Nicht Unruhe. Sondern richtige Angst. Gleichzeitig ist diese Situation einmalig. Wir im Auto. Rings herum Dutzende Menschen, die uns böse anstarren. Haben die eigentlich alle nichts zu tun? Vermutlich nicht. Auf meinen Beinen liegt meine kleine Kamera. Gedanken. Das Ganze fotografisch zu dokumentieren. Ich unterdrücke diese Idee. Vermutlich die beste Entscheidung des Tages.

Die Menge verlangt, dass der Vertriebler aussteigt. Warum er? Weil er Geld hat. Wohlhabend ist. Unser Fahrer ist ein armer Schlucker aus der Region. Er ist zwar schuld am Unfall. Aber bei ihm ist nichts zu holen. Unser Kollege lehnt ab. Der Fahrer verlässt nach längeren Diskussionen das Fahrzeug. Wir verriegeln sofort wieder von innen. Der Menschenring um unser Auto bleibt stehen. Feindselige Blicke. Wir meiden den Augenkontakt.

Eine Dreiviertelstunde später kommt unser Fahrer zurück. Ohne ein Wort fahren wir langsam an. Die Menschen um uns herum geben nur widerwillig einen schmalen Korridor frei. Zum Abschied gibt es noch ein paar Stockschläge auf das Blech. Wir schweigen. Nach einigen Minuten der Stille frage ich meinen Kollegen, was denn jetzt eigentlich passiert sei. Er unterhält sich mit dem Fahrer. Dieser ist mit dem älteren Mann zuerst zum Dorfarzt gelaufen. Die Untersuchung kam zum Ergebnis, dass unser Opfer zum Glück nur ein paar Schrammen und eine kaputte Hose davongetragen hat. Keine Brüche. Keine weiteren Verletzungen.

Für die kaputte Hose wurde im Anschluss an den Arztbesuch im Kleiderbasar Ersatz beschafft. Das war's. Der Vorgang hat uns schweißnasse Hemden und graue Haare beschert. Und umgerechnet rund drei Euro gekostet: Ein Euro fünfzig beträgt das Arzthonorar, für fünfzig Cent gab es eine neue Hose. Und einen Euro hat der Mann abschließend als Schmerzensgeld erhalten.

Nach zehn Stunden Reise erreichen wir unser Hotel. Hundemüde checke ich ein, bestelle mir noch ein kleines Gericht aufs Zimmer. Nur kurze Zeit später liege ich im Bett. Ich döse vor mich hin. Warte auf den einsetzenden Schlaf. In der Ferne höre ich Autohupen. Oder so was ähnliches. Die kommen ganz langsam näher. Was ist das? Der Lärm wird immer intensiver, scheint genau auf mein Hotel zuzusteuern. Schlafen kann ich so eh nicht, ziehe mich also wieder an, gehe auf die Straße. Ein Hochzeitszug nähert sich. Ich habe schon davon gehört. Jetzt kann ich es live erleben. Viele Menschen, die den Bräutigam auf dem Weg zu seiner Braut begleiten. Mittendrin eine Art überdimensionaler Ghetto-Blaster: Auf einem Wagen sind riesige Lautsprecher montiert, aus denen völlig übersteuerte Musik schallt. Für mich eine Art akustisches Inferno. Kakophonie. Keine schöne Vorbereitung auf die Ehe. Zumindest nicht für meinen Geschmack.

Ich mache ein paar Fotos, auf denen ich später kaum etwas erkennen kann: Die Luft ist voller Straßenstaub, der die Helligkeit des Blitzes wie an einer Wand abprallen lässt. Viele Inder beobachten mich neugierig. Einer spricht mich an. Wo ich herkomme. Warum ich hier sei. Ich erzähle ihm kurz von Deutschland, und von meinem Job als Berater. Ziemlich fassungslos und ungläubig hört er mir zu. Jetzt muss ich aber endgültig ins Bett. Was für ein Tag.

25. Juli 2007

Gestern (Sonntag) haben wir mit unserem Team die Generalprobe abgehalten. Wir konnten diese bereits in dem Saal durchführen, in dem heute auch die Kundenpräsentation stattfinden wird. Es ist kein Raum, sondern ein Saal. Ellenlang. Ein riesiger ovaler Tisch. Bestückt mit mehreren Dutzend Ledersesseln. Alle gleich hoch. Alle? Nein. Einer am Kopf hat eine deutlich höhere Lehne. Dort sitzt der Chef. Klar. An den Wänden weitere fünfzig, sechzig Stühle. Darauf werden wir Platz nehmen. Und die niedrigeren Hierarchien des Kunden.

Acht Uhr. Wir warten auf das Eintreffen unserer Zuhörer. Ein Inder in schwarzem Frack kommt in den Raum. Mit einem Holztablett, auf dem kleine Plastikgefäße stehen. Was ist das? Er bietet uns allen der Reihe nach einen Becher an. Es ist Tee. Aber bietet er allen etwas an? Nein. Mich übergeht er. Warum? Eigentlich egal. Soviel mache ich mir sowieso nicht aus Tee. Da kommt ein zweiter Mitarbeiter – ebenfalls im Frack. Er trägt ein Metalltablett (oder ist es gar Silber?). Darauf eine Porzellankanne, eine Porzellantasse und eine Zuckerdose. Das ist für mich. Für den Exoten. Eine Sonderbehandlung. Ist das eine besondere Würdigung? Oder ein kolonialistisches Relikt? Mir ist die Situation auf alle Fälle furchtbar peinlich. Unsicher schaue ich zu meinem indischen Logistikkollegen. Er nickt mir zustimmend und wohlwollend zu. Ich lasse mir den Tee servieren. Und bin beschämt. Warum werde ich nicht genauso wie meine Kollegen behandelt? Antwort: Indien ist anders. Definitiv anders als Deutschland. Damit muss man leben, wenn man hier arbeitet oder Urlaub macht. Und: Man muss nicht nur damit leben. Man muss es auch aushalten.

Inzwischen sind alle Teilnehmer eingetrudelt. Wie schon zuvor einmal erlebt, kommen auch hier die Chefs zuletzt. Jetzt können wir aber beginnen. Ein Mitarbeiter des Kunden geht den langen Tisch entlang nach vorne zum Präsen-

210

tationsbereich. Er begrüßt die Anwesenden. Die höheren Hierarchien werden mit Namen angesprochen. Seine Begrüßung endet. Jetzt können wir anfangen. Nein. Der nächste Redner geht nach vorne. Etwas langsamer als sein Vorgänger. Begrüßt erneut. Er scheint aus einer höheren Hierarchie zu kommen. Jetzt können wir anfangen? Nein. Der nächste Redner. Noch langsamer. Ich lerne: Je höher der Rang, desto langsamer geht man zum Pult. Und desto weniger Personen erwähnt man namentlich in seiner Ansprache. Weil es ja immer weniger über einem werden. Logisch. Jetzt können wir aber anfangen!

Die Präsentation läuft gut. Es gibt einige Verständnisfragen, die wir zügig beantworten können. Ich sehe viele interessierte und zustimmende Gesichter. Am Abend lassen wir auf meinem Hotelzimmer den Tag Revue passieren. Mein Vertriebs- und mein Logistikkollege sind ebenfalls in einer positiven Stimmung. Wir bestellen uns einen Snack. Room Service. Morgen wird es noch mal ein langer Tag. Während meine Kollegen die Präsentation bis zum späten Nachmittag fortführen werden, wird mich der Fahrer gegen Mittag zurück zum Flughafen bringen.

Religion
Mich fasziniert es immer wieder aufs Neue, in einem Land auch etwas über die Religion und die Religiosität der Menschen zu erfahren. Soweit es geht, besuche ich die Tempel und Moscheen, spreche mit Menschen über ihren Glauben. Den Hinduismus kannte ich bis zu meinen Indien-Reisen nur aus der Ferne. Viele Gottheiten. Kühe sind heilig. Und so weiter. Bei den Aufenthalten vor Ort lerne ich kleine Schnipsel dazu. Der Hinduismus ist die drittgrößte Religionsgruppe der Welt. Seine Wurzeln liegen hier. In Indien. Über achthundert Millionen Inder sind Hinduisten. DEN Hinduismus gibt es nicht. Vermutlich genauso wenig wie es

DAS Christentum gibt. Es gibt eine große Anzahl an Göttern, die je nach Gläubigergruppe sogar für unterschiedliche Stärken angerufen und verehrt werden. Man trifft auf die Götterdarstellungen überall – als Anhänger am Rückspiegel im Taxi, auf großen Werbebannern in Einkaufszentren, in kleinen temporären Tempeln am Rande der Straße. Einfach überall.

Von meinem indischen Vertriebskollegen habe ich bei meinem letzten Aufenthalt einiges über seine Kindheit und seine Art, den Hinduismus zu praktizieren, gelernt. Als wir heute Abend unseren Snack im Hotelzimmer bestellen, bin ich verwundert. Er bestellt vegetarisch – obwohl heute doch Montag ist. Mir hatte er vor einigen Wochen erzählt, dass man in seiner religiösen Ausrichtung immer dienstags den Tempel besucht, und daher an diesem Tag kein Fleisch isst. Ich frage nach. Heute wäre doch erst Montag. Er ist verblüfft, dass ich mir seine Geschichte gemerkt habe. Die Erklärung ist dann ganz einfach. Seine Großmutter, bei der er überwiegend lebte, konnte dienstags nicht in den Tempel gehen. So ging sie immer montags. Daher war - und ist für ihm immer noch - der Montag der fleischlose Tag. Mir gefällt der Hinduismus. Er zwingt die Menschen offenbar nicht in ein zu striktes Raster. Dienstag wäre offenbar der „richtige" Tag. Aber wenn du es nur am Montag einrichten kannst – auch gut! Klingt ein wenig wie Kölscher Katholizismus!

26. Juni 2007

Die Rückfahrt zum Flughafen verläuft zum Glück reibungslos. Einen Unfall wie auf der Anreise muss ich kein zweites Mal erleben. Gegen halb sechs bin ich am späten Nachmittag wieder in Delhi. Meine Maschine nach München wird erst in sieben Stunden von hier abheben. Die Aufenthaltsmöglichkeiten am Flughafen sind nicht besonders einladend. Sieben Stunden in einer engen, lauten Lounge können sehr lang werden. Bei der Ankunft wartet daher ein Fahrer, der mich zu einem komfortablen Hotel in der Nähe bringt. Dort setze ich mich in die Lobby, esse zu Abend und lese ein Buch. Um Mitternacht kommt der gleiche Fahrer, bringt mich zurück zum Flughafen. Man braucht in diesem hektischen Land Ruhe- und Erholungsphasen. Und wenn es auch „nur" vier Stunden in einer klimatisierten Hotellobby sind.

4. September 2007
In den vergangenen Wochen habe ich an einem spannenden strategischem internen Kurzprojekt mitgearbeitet. Unsere Organisation überlegt, verschiedene Abteilungen und Funktionen zusammenzulegen. Der Anstoß kommt sehr stark von einer indischen Führungskraft, die dieses neue Konzept ganz offensichtlich auch für eine Verschiebung der internen Machtverhältnisse nutzen möchte. Eine Führungskraft aus Deutschland, die für zwei Jahre eine Auslandsgesellschaft geleitet hat, soll zukünftig die Leitung des neuen Bereiches übernehmen.

Wir arbeiten in einem Dreierteam. Ein indischer Kollege, der den Kontakt zum Ideengeber hält. Der aus dem Ausland zurückgekehrte Kollege. Und ich als Vertreter der deutschen Landesgesellschaft. Eine interessante Konstellation. Wir drei verstehen uns gut. Entwickeln in kurzer Zeit ein schlüssiges Konzept. Zumindest ist es in Excel schlüssig. Doch Excel deckt nicht die menschlichen Befindlichkeiten ab. Davon gibt es auch in diesem Spiel genug. Viel zu viele. Wir werden sie Stück für Stück kennenlernen.

Doch zuvor lerne ich den indischen Initiator kennen. Ich freue mich auf diese Chance, möchte den Abend unter anderem dazu nutzen, mehr über seine Heimat zu erfahren. Incredible India. Wir holen ihn in unserem Dreier-Team an seinem Hotel ab. Laufen zusammen in den englischen Garten. Er doziert. Und doziert. Und doziert. Und nebenbei hält er Hof. Uns betrachtet er als seinen Hofstaat. Zumindest ist das meine Wahrnehmung. Heute Abend werde ich nichts über Indien lernen. Es findet kein Dialog statt. Ich langweile mich. Hoffe, dass wir im Restaurant bald die Rechnung bezahlen und endlich zurück ins Hotel können. Diese Führungskraft wird in achtzehn Monaten unser Unternehmen verlassen haben.

Meinen „Rückkehrer"-Kollegen bedauere ich. Warum? Er hat sich entschieden, auf dem Karriereweg (oder besser: *Für* den Karriereweg) zwei Jahre mit seiner Familie ins Ausland zu gehen. Nun ist die Zeit herum. Erlebt hat er sicherlich viel. Ist an Erfahrung gereift. Aber: Bei seiner Rückkehr steht keine adäquate Position in Deutschland bereit. Die in Aussicht gestellte nächste Karrierestufe ist nicht in Sicht. Daher strampelt er nun an der Konstruktion dieser neuen Abteilung. Versucht, sich sozusagen selbst die nächste Stufe auf der Leiter zurechtzuzimmern. Für mich aus der Distanz heraus ist das erneut ein Paradebeispiel für den (nicht-)geplanten Umgang mit Mitarbeitern. Und erneut eine Bestätigung, dass meine Entscheidung gegen eine hierarchische Karriere die Richtige war. Und nach wie vor ist. Mein Kollege wird übrigens zwölf Monate später unser Unternehmen verlassen. Aufgrund mangelnder Perspektive.

Und dann sind wir heute in der Vorstandsetage. Stellen dort unser Konzept vor. Also nicht ich stelle vor. Sondern der dedizierte Leiter der Abteilung. Der Do-it-yourself-Karriereleiter-Zimmermann. Die beiden obersten Lenker unseres Hauses stellen viele Fragen. Einer der beiden notiert sich ab und zu etwas. Wie in einem Ritual schraubt er dazu seinen Füller auf, schlägt das Notizbuch auf, trägt ein. Schließt das Notizbuch, und schraubt den Füller wieder zu. Ich finde das faszinierend. Füller auf. Buch auf. Notiz. Buch zu. Füller zu. Wenige Augenblicke später erneut. Füller auf. Buch auf. Notiz. Buch zu. Füller zu. Und wieder.

214

Füller auf. Buch auf. Notiz. Buch zu. Füller zu. Ich vermute, dreiviertel des Tages bestehen bei ihm aus Füller auf. Buch auf. Notiz. Buch zu. Füller zu.

Das Gespräch verläuft nicht schlecht. Bis mein Zimmermann auf seine noch bestehenden Kontakte in die Landesgesellschaft verweist, für die er ja immerhin zwei Jahre gearbeitet hat. Diese Gesellschaft hat offenbar ein sehr starkes Eigenleben, und durchaus ein Gewicht bei einer möglichen Entscheidungsfindung zugunsten des neuen Konzeptes. Mein Zimmermann spricht an, dass er im Flurfunk gehört habe … und wird rüde von den beiden Lenkern unterbrochen. Ob er denn nicht wüsste, dass man auf Flurfunk nicht hören sollte, ruft der eine. Das wäre eine sehr gefährliche Sache, ruft der andere, und wedelt erregt mit dem ausgestreckten Zeigfinger vor seinem Gesicht hin und her. Die Szene hat etwas Komisches an sich. Wären wir an einem anderen Ort, sollten wir jetzt vermutlich lachen. Aber es ist nicht komisch. Es ist tragisch. Kasperletheater. Die beiden Lenker werden das Unternehmen in neun Monaten verlassen. Unser Konzept wird nicht umgesetzt. Allerdings entwickelt sich der erhobene, „wedelnde" Zeigefinger in einem engeren Kollegenkreis zu einem „Insider"[48]. Und auf die Dauer auch zu einem running gag[49].

17. September 2007
Über den Wolken. Erneut elftausendfünfhundert Meter über der Erde. Frankfurt – Delhi. Vor mir liegen weitere fünf Tage in der indischen Provinz. In meinem „ersten" Stahlwerk. Das Projekt haben wir ja gewonnen. Jetzt

---

[48] Insider: Bemerkung, Situation, Witz, der nur von Eingeweihten verstanden werden kann.

[49] Running Gag: Witz oder Anspielung, die mehrmals wiederholt wird. Wir werden uns in der Zukunft häufig mit dem Finger vor der Nase herumwedeln und „das ist sehr gefährlich" sagen.

wünscht der Kunde einen Workshop mit meiner Teilnahme. Als eine Art Review.

Delhi meldet neununddreißig Grad Celsius. Es ist – in Bezug auf die Temperaturen - nicht gerade ein Wunschprojekt. Dennoch. Der Blick aus dem Fenster. Blauer Himmel. Am Horizont eine schneeweiße, geschlossene Wolkendecke. Im Vordergrund kleine Schäfchenwolken, die den Blick auf die unendliche Weite ermöglichen. Unter mir Dörfer, Städte, Äcker und Wälder – alles ist so klein, aber aus der Vogelperspektive gleichzeitig so faszinierend. Aus dem Kopfhörer klingt das Bordangebot der Lufthansa auf Kanal 08. World Music. Genauso fühle ich mich. Weltverbunden, über den kleinen Dingen des Alltags, ohne Grenzen, ohne Detailversessenheit. Den Blick sensibilisiert für das Neue. Viele meiner Kollegen und Freunde beneiden mich nach wie vor nicht um diese anstrengenden Reisen. Ich allerdings möchte diese Gedanken, Eindrücke und Erlebnisse nicht mehr missen.

Auf dem Flug - während der Startphase - sitzt mir die Stewardess gegenüber. Betrachtet einen Computerausdruck. Etwas später, beim Servieren des Aperitifs, spricht sie mich mit meinem Namen an. Faszinierend. Sie hat sich tatsächlich die Namen ihrer Passagiere – oder sollte man besser „Kunden" sagen – in der kurzen Zeit eingeprägt. Ich finde das bewundernswert. Komme ich in ein neues Projekt, benötige ich dafür Tage und Wochen.

Und noch mal auf dem Flug: Zum Mittagessen werden sechs verschiedene Weine angeboten. Die Auswahl bei den Weißen besteht aus einem deutschen Wein aus der Pfalz und aus einem kalifornischen von den Fetzer Wineyards. Ich bestelle den Fetzer – und bekomme den Pfälzer. Fetzer und Pfälzer liegen geografisch weit auseinander, aber eben sprachlich eng beisammen.

Wenige Tage zuvor: Ich erkundige mich noch einmal per E-Mail, in welchem Hotel ich denn am Ziel untergebracht sei. Die indische Kollegin versichert mir, dass man mir ein sehr gutes Hotel ausgesucht hätte. So gelegen, dass ich nur kurze Wege ins Werk habe. Mir schwant Böses. Ich hatte extra auf dem ruhigen, eine Stunde entfernten Hotel vom letzten Aufenthalt bestanden. Kurzentschlossen rufe ich sie an. Meine Befürchtungen bestätigen sich. Man hat mir das Hotel unserer Präsentation gebucht. Direkt an der Hauptstraße. Vierundzwanzig Stunden hupen inklusive. Niemals! Ich bitte sie, mich umzubuchen. Sie möchte mir klarmachen, dass der Aufenthalt im anderen Hotel jeden Tag circa eine Stunde An- und eine Stunde Abreise bedeutet. Das ist mir bekannt. Es stört mich nicht. Sie erwähnt, dass dafür extra ein Fahrer angemietet werden muss. Auch das ist mir bekannt. Es stört mich nicht. Ein sehr geringer Betrag gemessen an den Gesamtkosten der Reise. Entweder das ruhige Hotel. Oder ich komme nicht. Sie wird sich bemühen. Und es wird funktionieren.

19. September 2007

Nach einer ruhigen Nacht bin ich auf dem Weg ins Werk. Hunderte Menschen sind ebenfalls mit mir auf den Straßen rund um den Stahlkoloss auf den Beinen. Oder auf dem Fahrrad. Oder dem Moped. Wenn man den Aussagen glauben darf, nimmt das Werk eine Fläche von rund vierhundert Quadratkilometern ein. Es ist nahezu quadratisch angelegt. Zwanzig Kilometer lang und zwanzig Kilometer breit. Ursprünglich fanden hier in den Anfangsjahren über einhunderttausend Menschen Arbeit. Inzwischen sollen es noch rund fünfundzwanzigtausend sein. Auch hier kosten Innovationen und Optimierungen Arbeitsplätze.

Ungefähr einen Kilometer vor dem Eingang hält der Fahrer an einer Art Kontrollposten. Vor einem halbverfallenen Gebäude stehen vergilbte Plastikstühle. Zwei junge Männer sitzen darauf, springen bei unserer Ankunft sofort auf. Hier bekomme ich nun meinen Passierschein. Ohne den komme ich nicht ins Werk. Ohne ihn auch nicht wieder heraus. Im Vorfeld der Reise habe ich eine zweiseitige Urkunde erhalten. Meine Einreisegenehmigung. Diese wird hier von den beiden Mitarbeitern des Werkschutzes abgeschrieben. Dann darf ich viermal unterschreiben. Danach dürfen wir weiterfahren. Doch wir kommen nur bis an den Schlagbaum des Werkes. Dort müssen wir aussteigen. Gehen zu Fuß hundert Meter, steigen in ein anderes Fahrzeug um. Wofür diese Prozedur? Das Fahrzeug, das mich gebracht hat, verfügt nicht über die Erlaubnis, das Werksgelände zu befahren. Also umsteigen. Ich lerne *so* viel!

Unser Workshop beginnt. Der Kundenprojektleiter hat mich freudig begrüßt. Nun stehe ich vorne, beginne mit der Durchsprache der Prozesskette. Er sitzt direkt rechts am Anfang der Tischreihe. Scheint ein Nickerchen zu machen. Über mir drehen sich träge die Ventilatoren. In diesem Raum gibt es keine Klimaanlage.

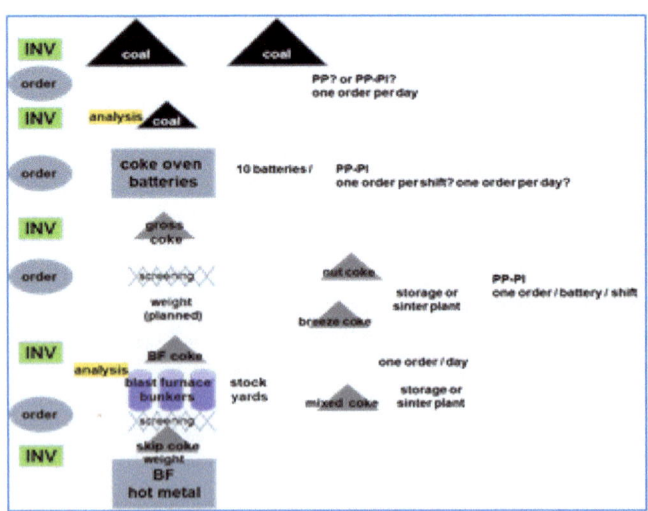

Wir diskutieren die Kokskohlenherstellung. Stellen fest, dass nicht alle zuführenden Förderbänder mit Wiegesystemen ausgestattet sind. Den Materialeinsatz werden wir somit nicht vollständig ermitteln können. In der Konsequenz wird die SAP-Software keine adäquate Materialdisposition und -bilanz liefern. Der Projektleiter fragt (er hat sein Nickerchen kurz unterbrochen), was man denn dagegen machen könnte. Meine spontane, einfache Antwort: Waagen einbauen. Den Zufluss auf allen Transportbändern messen. Ein Satz mit weitreichenden Folgen. Dazu später mehr.

Am Nachmittag bekomme ich eine Werksführung angeboten, die ich natürlich begeistert annehme. Es ist für Besucher nicht selbstverständlich, die verschiedenen Produktionshallen besichtigen zu dürfen. Leider ist Fotografieren strengstens untersagt. Welche einmaligen Motive werden mir entgehen!

Da ist die kleine Brücke, auf die wir uns im Schienenwerk stellen dürfen. Aus der Presse kommt rotglühend das Schienenprofil auf uns zu, schlängelt sich elastisch unter uns durch. Wird auf der anderen Seite der Brücke von großen Schiebern an den Rand gedrückt. Kreissägen mit sicherlich über einem Meter Durchmesser zerteilen den Strang in „handliche" fünfundzwanzig Meter-Stücke. Mit infernalischem Gekreische. Endzeitfilme könnten diese Szenen direkt und ungeschnitten verwenden. Aber ich habe keine Kamera. Allein die Zerteilstrecke ist über einhundertzwanzig Meter lang. Die gesamte Halle ungefähr einen Kilometer. Von Eingang zu Ausgang läuft man fast eine Viertelstunde. Unglaubliche Dimensionen. Ich stehe auf der Brücke, spüre die Hitze des Stahls. Was wäre … wenn? Wenn … nun ein Unfall passieren würde. Sich der Schienenstrang verklemmen und aufstellen würde. Es wäre vermutlich das irdische Ende für mich und meine beiden Nachbarn. Nicht daran denken. Es ist faszinierend! Einmalig!! So etwas werde ich nie wieder erleben.

Ein paar Hallen weiter sehe ich, was in meinem Gedankenexperiment vor kurzem real in einer der Walzstraßen passiert ist. Vor mir steht ein aufgefaltetes Blech – drei oder vier Zentimeter stark, sechs Meter hoch – komplett deformiert. Ein Fehler beim Walzen. Eine Rolle hat vorne blockiert. Während von hinten munter weiter Material nachgeschoben wurde. Da blieb nur der Ausweg in die Höhe. Hoffentlich waren zu diesem Zeitpunkt keine Arbeiter in der Nähe. Das aufgefaltete Objekt hat Ähnlichkeit mit den modernen Stahlskulpturen von Richard Serra[50]. Nur eben nicht künstlerisch gewollt.

In der nächsten Halle sehen wir dann den Abguss des flüssigen Stahls aus den Konvertern in die Kokillen. Die Funken fliegen. Schöner als bei einem Feuerwerk. Wir dürfen leider nicht näher heran. An uns geht eine Mitarbeiterin in einem blauen Sari vorbei. Sie kehrt mit einem Strohbesen den Staub von rechts nach links. Das Blau ihres Saris vor dem flüssigen roten Stahl. Und dem Funkenflug. Und ich habe Fotografier-Verbot. Es gibt Dinge, die kann man nicht festhalten. Die kann man nur im Kopf mitnehmen.

20. September 2007

Im Workshop beschäftigen wir uns heute weiter mit den einzelnen Wertschöpfungsstufen innerhalb des Werkes. Als ich das Wort Stückliste erwähne, schreckt mein Kundenprojektleiter aus seinem (erneuten) Nickerchen hoch. Er möchte gerne den Wasserverbrauch in die Stückliste einbringen. Meine Kollegen argumentieren und verneinen das. Beruhigt döst er wieder ein. Eine Stunde später kommen wir zum Arbeitsplan. Wieder wird spontan der Schlummer unterbrochen (was für eine Fähigkeit – wie macht der das?), und es kommt die Forderung, den Wasserverbrauch im Arbeitsplan unterzubringen. Ich argumentiere dagegen. OK

---

[50] Richard Serra: Bedeutender amerikanischer Bildhauer; arbeitet häufig in Großskulpturen mit wetterfestem (Corten-)Stahl

für ihn. Fortsetzung des Schönheitsschlafes. Wir sollten diese Form der temporären Entspannung während der Arbeitszeit auch in Deutschland einführen. Vermutlich würde es uns allen guttun.

21. September 2007

Bei meiner Ankunft am Morgen erwartet mich unser Projektleiter. Er ist sehr aufgeregt. Wir sollen sofort in das Büro der Konzern-IT-Leiterin kommen. Gründe habe man ihm nicht genannt. Die betreffende Dame hatte ich vorgestern bereits kurz bei der Begrüßung kennengelernt. In ihrem Büro liegt ein großer Plan. Ein Grundriss der Kokerei. Sie hat aus unserem Workshop davon gehört, dass für eine korrekte Mengenbilanz an allen Zugangsbändern Wiegeeinrichtungen vorhanden sein müssen. Das will sie nun mit mir besprechen. Sie erläutert mir, welche Förderzonen welche Formen von Wiegemöglichkeiten haben. Bei einigen wird das tatsächliche Gewicht über Sensoren im Förderband ermittelt, bei anderen auf Basis des Loren-Volumens nur geschätzt. Letzteres ist für mich auch OK. Auf das Kilo kommt es bei diesen Mengen nicht an. Es bleiben sieben Bänder, die nachgerüstet werden müssten. Die IT-Leiterin kreist die Stellen in Rot ein. Dort werden in den nächsten Monaten Investitionen getätigt. Was man mit einer Diskussion über SAP-Mengenbilanzen alles auslösen kann.

4. Oktober 2007

Familienurlaubsende. Am Flughafen Stanstead geben wir unseren Leihwagen zurück. Im hinteren Fußraum ist noch etwas Sand, Relikt eines Strandbesuches. Das meiste haben wir bereits zuvor an einer Tankstelle entfernt. Dennoch bemängelt der Mitarbeiter der Mietwagenfirma den Zustand des Fahrzeugs, und zeigt uns eine Zusatzgebühr an. Für den umfangreicheren Staubsaugaufwand. Ein Witz. Aber ein schlechter. Die Situation ist doch eindeutig. Zuerst werden den Kunden die Fahrzeuge günstig angeboten, dann werden bei der Rückgabe nicht vorhandene Mängel aufgezeigt. Die dann über die Zusatzgebühr den Profit erhöhen. Aus meiner Sicht ein abgekartetes Spiel. Vermutlich bekommen die Angestellten auch noch einen Bonus für die von ihnen zusätzlich in Rechnung gestellten Leistungen.

Das sage ich auch dem Mitarbeiter. Werde lauter, da er mir seinen Namen nicht nennen will. Er verweist darauf, dass er dazu nicht verpflichtet sei. Was für ein Saftladen! Ein älterer Herr am Nachbartresen, Brite, mischt sich ein. Ob ich mich nicht angemessener benehmen könnte. Insbesondere aufgrund der Tatsache, dass ich doch Deutscher sei. Meine Frau zieht mich zur Seite. Bevor ich ihm antworten kann, dass ich mich gerade nur über eine offensichtliche Abzocke beschwere. Und nicht vorhabe, London anzugreifen. Offenbar steckt doch noch in der ein oder anderen Person auf der Insel das Feindbild des deutschen Aggressors. Selbst sechzig Jahre später.

18. Oktober 2007

Auf unserem Sofa sitzt die Inquisition. In Form von zwei Mitgliedern unseres Kirchenvorstandes. Auf meinen Brief (siehe 07. März 2007) hat der Priester nicht reagiert. Stattdessen sendet er mir seine Abordnung. Telefonisch haben sich die beiden angemeldet. Um einen Termin zur Besprechung meines Briefes gebeten. Zu sagen haben sie nicht viel. Meine Eindrücke der rhetorischen Manipulation teilen sie nicht. Na, dann ist ja alles gesagt. Nach einer Stunde Dissens und einem Glas Mineralwasser gehen sie nach Hause. Ich bin tief enttäuscht. Über die mangelnde Diskussionsbereitschaft der beiden. Und vor allem über die vornehme Zurückhaltung unseres Priesters. So gewinnt man keine Follower. Die Kirchenaustritte sprechen leider eine deutliche Sprache.

12. November 2007

Bei meinem Handelskunden läuft die Integration der logistischen Dienstleister auf Hochtouren. Eine neue Anforderung kommt aus dem Fachbereich, der sich mit Solartechnik beschäftigt. In der Photovoltaik geben die Hersteller auf die Panels eine Leistungsgarantie von zwanzig Jahren. Kann ein Kunde nachweisen, dass ein oder mehrere Panels im Jahr siebzehn oder achtzehn nach Anschaffung einen Leistungsabfall außerhalb der gewährten Toleranz zeigen, steht ihm das Recht auf Ersatz zu.

Wir analysieren: Von den Produzenten erhalten wir pro Panel die im Werk direkt nach der Herstellung ermittelten individuellen technischen Leistungsdaten. Jedes Panel ist über eine Serialnummer eindeutig markiert. Wir kennen zu jedem Panel den Kunden, der es erhalten hat, beziehungsweise erhalten wird. Soweit so gut. Jetzt der Wermutstropfen: Die zugehörigen Versanddaten liegen bisher in einer nicht analysierbaren Form vor. Üblicherweise haben wir vom Logistikdienstleister einmal pro Woche eine Excel-Datei mit den Warenempfängern, den Lieferscheinnummern und Seriennummern der versendeten Panels erhalten. Aber diese Dateien häufen sich aktuell recht unstrukturiert als „Datenmüll" auf dem Computer eines Servicemitarbeiters, der für mögliche Rückfragen und Reklamationen zuständig ist. Bis zum Start des Projektes haben wir rund zweihundertfünfzigtausend Panels ausgeliefert. Insbesondere aufgrund der Förderung der Photovoltaik durch die Bundesregierung steigt die Nachfrage rasant.

Was ist also zu tun? Welche Anforderungen muss unsere Lösung erfüllen, welche Funktionen beinhalten? Wir benötigen

- eine zentrale, für alle Mitarbeiter zugängliche Datei mit den Panel-Informationen; diese möglichst innerhalb von SAP, da wir auf diesem Wege direkt weitere Informationen zur Lieferung aus den dort vorhandenen Daten ziehen können

- den regelmäßigen Input der vom Herstellerwerk übermittelten technischen Ist-Parameter je Panel; der Import der Daten sollte möglichst einfach sein, und berücksichtigen, dass wir gegebenenfalls auch unterschiedliche Dateiformate von unterschiedlichen Lieferanten einlesen müssen

- den Empfänger eines jeden Panels; die logistischen Dienstleister müssen sicherstellen, dass die Serialnummer jedes einzelnen Panels vor dem Versand gescannt und anschließend an uns übermittelt wird

- einen automatisierten E-Mail-Versand der technischen Daten an den Warenempfänger, sobald die Sendung das Lager verlassen hat

- einfache, flexible Analyse- und Suchfunktionen innerhalb dieser Daten

Mit diesen Informationen können wir zu jedem Kunden, zu jedem Panel, zu jedem Datum die entsprechenden Daten liefern. Meldet sich nun ein Kunde innerhalb der nächsten zwanzig Jahre und beschwert sich über den Leistungsverlust bei einem oder mehreren Panels, können wir anhand der Seriennummern seine Reklamation bewerten. Eine schöne, runde Lösung, für deren technische Umsetzung wir drei Monate benötigen. Ich schreibe das Konzept. Ein Mitarbeiter des IT-Dienstleisters unseres Kunden schreibt die SAP-Programme.

Und dann kommt die Stunde der Wahrheit. Nach vielen Tests gehen wir mit unserer Lösung in den Echtbetrieb. Excel-Datei um Excel-Datei sowohl der technischen Lieferantendaten wie auch der Auslieferungen werden in die Tabelle geladen. Das Gute an unserem Konzept und der Realisierung: Wird ein Panel zur Auslieferung gemeldet, zu dem wir keine Lieferantendaten haben, erfolgt eine Fehlermeldung. Und: Alle vom Werk gemeldeten Panels minus der versendeten Einheiten ergibt den aktuellen Lagerbestand bei unserem logistischen Dienstleister. Zumindest sollte es so sein.

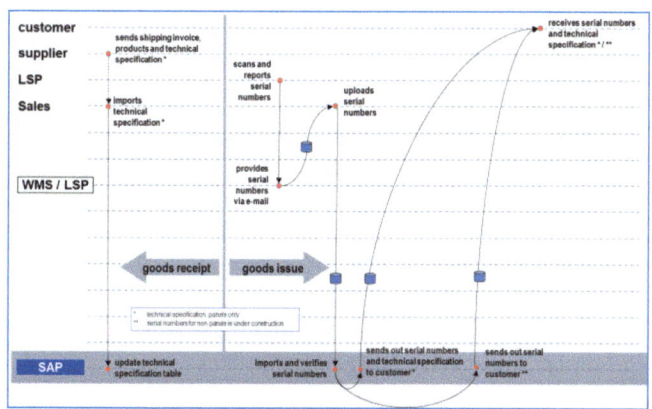

Zum Zeitpunkt unseres Produktivstarts sind knapp über dreihunderttausend Panels verkauft. Dreihunderttausend Datensätze müssen jetzt geladen werden. Das Füllen der Tabellen nimmt eine Woche in Anspruch. Die erste Bilanz: Uns fehlen für circa dreihundert Panels die Warenausgangsdaten. Von dreihunderttausend. Nullkommaeins Prozent „Fehlerrate". Auf Anhieb ein riesiger Erfolg. Die Verantwortlichen wollen es dabei belassen. Doch bei uns ist der Jagdtrieb geweckt. Drei Werktage später haben wir einige vergessene Excel-Dateien mit Versanddaten entdeckt. Die Zahl der „Un-Identifizierten" sinkt auf unter zehn. Noch drei weitere Tage, und wir haben alle (ALLE!) gefunden und zugeordnet.

Leider wird sich mein Kunde einige Zeit später aus dem Photovoltaikgeschäft zurückziehen. Die Übermacht der chinesischen Produzenten drückt zu extrem auf die Preise. Inzwischen haben jedoch andere Sparten vom Funktionsumfang unseres Seriennummernportals erfahren. Melden an, es auch nutzen zu wollen. Innerhalb weniger Wochen schalten wir zwei weitere Unternehmensbereiche ohne großen Aufwand auf die Plattform. Ein schönes, erfolgreiches Projekt.

Dezember 2007

Erneut zum Abschluss des Jahres der Blick auf die Anzahl der (Flug-)Reisen zu meinem süddeutschen Zulieferer

- 2004: 27
- 2005: 26
- 2006: 34
- 2007: 26

Undankbar bin ich über den Rückgang gegenüber dem Vorjahr nicht. Zwar genieße ich jedes Mal erneut den Blick auf Burg Hohenneuffen, aber die immer stärker ausgebuchten Maschinen machen das Reisen nicht angenehmer.

Resümee

oder

***Welche Erwartungen und Wünsche
haben sich bis jetzt erfüllt?***

Sechzehn Jahre Beratung sind herum

Was ist von meinen Vorstellungen und Erwartungen in den vergangenen sieben Jahren bei meinem „neuen" Arbeitgeber in Erfüllung gegangen? Zu Beginn dieses Buches habe ich die Punkte genannt, die mich Anfang 2000 zu einem Wechsel bewogen haben. Zu jedem nachfolgend eine kurze Zwischenbilanz.

Unbeschwerteres Arbeiten

Eine solch angespannte Situation zu einer Führungskraft wie vor acht Jahren habe ich hier an meiner neuen Wirkungsstätte bis heute glücklicherweise nicht erlebt. Natürlich ist nicht jede Phase ausschließlich von Friede-Freude-Eierkuchen geprägt. Aber die generelle Zusammenarbeit mit meinen Chefs verläuft gut. Ich kann mich auf meine eigentliche Arbeit konzentrieren. Werde nicht von internen Querelen abgelenkt. Somit eine gute, deutlich verbesserte Konstellation

Interessante und herausfordernde Projekte

Tja, was soll man dazu nach den letzten zweihundert Seiten noch sagen … Über interessante Projekte und Kunden kann ich mich nicht beklagen. Herausfordernd sind die meisten – ich habe enorm viel dazu gelernt. Und die Internationalität begeistert mich. Hat mich in ihren Bann gezogen. Ein Wermutstropfen, der sich durch viele der Kapitel zuvor zieht: Mehr als einmal werden Projekte gestoppt, schlafen ein, gehen nicht in die nächste Detaillierungsstufe. Das kannte ich aus meiner vorhergehenden Stelle kaum. Ist das ein Phänomen speziell unseres Kundenkreises? Unseres Lösungsportfolios? Ist es eventuell auch eine Art „Zeitgeist", dass der letzte konsequente Schritt dann doch nicht gegangen wird. Oder ist es die zunehmende Geschwindigkeit der Veränderung – die alten Projekte werden nicht fortgeführt, da die neuen Anforderungen nicht mehr dazu passen? Das werde ich beobachten.

Netter Kollegenkreis
Vom ersten Tag an fühle ich mich sehr wohl in meiner Umgebung. Ich treffe überwiegend auf hilfsbereite, engagierte und motivierte Mitstreiter. Wir sind eine Gemeinschaft solider Arbeiter, von denen (nahezu) keiner einen Furz im Kopf hat. Die wenigen *mit* Furz erkennen recht schnell, dass unsere Abteilung nicht ihre Welt ist. Ziehen die Konsequenz und wechseln den Bereich, oder direkt den Arbeitgeber. Gut so für alle Beteiligten. Ich mag meine Umgebung. Um etwas voraus zu greifen: Nicht nur bis 2007. Sondern auch noch viele weitere Jahre.

Karriere
Die inhaltliche Weiterentwicklung und die damit unter anderem verbundene Führungsverantwortung für das Fachteam Prozessmanagement haben mir sehr gefallen. Mit engagierten Kollegen neue innovative Lösungsangebote zu entwickeln, und diese dann gemeinsam in den Markt zu tragen – das hat Spaß gemacht! So kann es auch gerne weitergehen.

Die hierarchische Karriere stand vor sieben Jahren eigentlich nicht (mehr) auf der Agenda. Trotzdem kamen die Anfragen. Aus den eigenen, internen Strukturen genauso wie aus dem Markt. Headhunter riefen an. Ich habe mich nicht aktiv darum beworben. Man wurde gefragt. Offenbar trauen einem die anderen Menschen diese Rolle zu. Dennoch. In allen bisherigen Fällen habe ich der Versuchung der Leiter widerstanden. Als Schuster möchte ich doch gerne bei meinen Leisten bleiben.

Ausblick

oder

Wie wird es wohl weitergehen?

Die Zukunft

Im Gegensatz zum Abschluss des ersten Buches liegt kein Wechsel des Arbeitgebers vor mir. Keine neue Position, keine neue Aufgabe wartet auf mich. Das Buch endet hier, weil einfach mal wieder gut zweihundert Seiten voll sind. Was erwarte ich also von der Zukunft?

Ich wünsche mir, dass es mehr oder weniger so weiter geht. Interessante Projekte. Internationalität. Gutes Miteinander im Kollegenkreis. Eigentlich nur drei Wünsche. Aber jeder für sich mit einem hohen inhaltlichen Anspruch. Wir werden sehen.

Last but not least: *Meinen* Automobilzulieferer möchte ich weiterhin gerne betreuen. Es liegt nicht daran, dass ich mich inzwischen an die Flüge nach Süddeutschland gewöhnt habe. Vielmehr haben wir in der letzten Zeit zusammen tolle Schritte (siehe das Beispiel Gutschriftsmonitor) nach vorne gemacht. Da will ich weiter mitmischen! Vielleicht schaffe ich es ja, einen Kunden zwanzig Jahre durchgängig zu beraten. Sechzehn sind ja bereits voll!

Danksagung

oder

Wer hat denn alles zu diesen Zeilen beigetragen?

Bedanken möchte ich mich bei den vielen Charakteren der einzelnen Kapitel. Unsere gemeinsamen Phasen waren offenbar so prägend, dass sie selbst nach den vielen Jahren unauslöschlich im Kopf gespeichert geblieben sind. Das betrifft natürlich die positiven wie die negativen Erlebnisse gleichermaßen.

Erneut ein besonderer Dank an meine Frau. Und an die gesamte Familie. Ein unstetes, unregelmäßiges und vielfach nicht planbares Arbeitsleben als Berater fordert vom Partner viele kurzfristige Abstimmungen, Änderungen und dadurch auch eine gehörige Portion Toleranz. Bis heute haben wir unser gemeinsames Lebensmodell immer wieder ganz gut unter einen Hut bekommen. Das ist nicht selbstverständlich. Danke dafür!!